玉米秸杆粉碎生产线

饲草粉碎生产线

小型秸杆粉碎机

圆盘牧草粉碎机

小型饲料加工机组（3）

爪式粉碎机

锤片式粉碎机

自吸式粉碎机

双轴高效混合机

双轴浆叶式混合机

旋转式鼓形混合机

小型螺带混合机

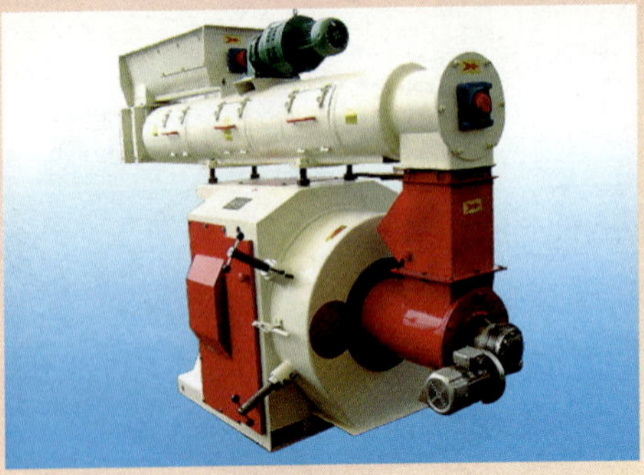

环模制粒机

水产饲料制粒机

畜禽饲料制粒机

轻物质制粒机

中小饲料厂
生产加工配套技术

编著者
陈　艳　袁洪岭　何伟利

金盾出版社

内 容 提 要

本书由郑州牧业工程高等专科学校专家编著。内容包括:饲料原料和饲料产品、饲料加工工艺、饲料加工机械及设备、饲料厂的管理、饲料厂的建设等5章。技术先进实用,表述深入浅出、文图并茂,适合中小型饲料厂、饲料企业技术管理人员学习使用,亦可供农业院校师生阅读参考。

图书在版编目(CIP)数据

中小饲料厂生产加工配套技术/陈艳,袁洪岭,何伟利编著.—北京:金盾出版社,2006.12
ISBN 978-7-5082-4334-4

Ⅰ.中… Ⅱ.①陈…②袁…③何… Ⅲ.①饲料-生产工艺②饲料加工-工厂-管理 Ⅳ.①S816②F326.35

中国版本图书馆CIP数据核字(2006)第131194号

金盾出版社出版、总发行
北京太平路5号(地铁万寿路站往南)
邮政编码:100036 电话:68214039 83219215
传真:68276683 网址:www.jdcbs.cn
彩色印刷:北京精彩雅恒印刷有限公司
黑白印刷:京南印刷厂
装订:桃园装订厂
各地新华书店经销
开本:787×1092 1/32 印张:4.25 彩页:4 字数:90千字
2010年2月第1版第4次印刷
印数:30001—41000册 定价:8.00元

目　录

第一章　饲料原料和饲料产品

一、饲料原料的种类

常用的饲料按其所含营养物质的不同分为能量饲料、蛋白质饲料、矿物质饲料、维生素饲料和饲料添加剂等。

(一)能量饲料

能量是畜禽必需的营养物质。能量饲料是指干物质中粗蛋白质含量低于20%、粗纤维含量低于18%的饲料。对于畜禽主要的能量饲料是谷实类、糠麸类和块根、块茎类及油脂类。

1. 谷实类　谷实类饲料含能量高、粗纤维少、适口性好、消化率高、而且产量高价格便宜，是畜禽的优良饲料。但是，粗蛋白质含量不足，约8%～13%。谷实类饲料氨基酸组成不平衡，赖氨酸不足，特别是玉米中色氨酸含量少，麦类中苏氨酸含量少，必须与适当的蛋白质饲料配合使用；钙、磷比例不适宜，磷含量较高，钙含量较低。且维生素A、维生素D、维生素C缺乏，但B族维生素较丰富。

(1)玉米　玉米含能量高，纤维低，适口性好，家禽的消化利用率高，故有“能量之王”的美称。玉米是配制饲料的首选原料，尤以黄玉米为最佳。但玉米中粗蛋白质含量低，赖氨酸、蛋氨酸、钙、磷和B族维生素含量较少。玉米的品种、产地不同，营养物质的含量不同；玉米的饱满度不同，营养价值也不同。这也是很多养殖场在更换原料玉米时，出现产蛋率下降的原因。在配合饲料时用量可占日粮的35%～70%。

(2)小麦　小麦有白小麦和红小麦两种；小麦含蛋白质和能量都很高。氨基酸含量也较全面，B族维生素含量相当丰富，适口性好。小麦的矿物质中钙少磷多，且有70%属于植酸磷。所以，小麦中的磷利用率很低。小麦全量取代玉米用于家禽饲料中，效果仅是玉米的80%左右，主要是由于小麦淀粉的黏度较大，在家禽消化道中消化的比例较低，用小麦取代玉米的量一般以1/3～1/2为宜。小麦的用量可占日粮的10%～30%。

(3)大麦　大麦比小麦能量低，粗纤维含量高于小麦，含有丰富的B族维生素。大麦粗脂肪中的亚油酸含量很少，仅0.78%左右，烟酸含量高，但利用率差，只有10%，含磷量高于玉米，其中63%属于植酸磷，粗纤维含量约5%。家禽对大麦的能量利用率较低，大麦用于雏禽饲料时，一定要注意用量，超量会使家禽发生肠道疾病。一般用量占日粮的10%～15%。

(4)高粱　高粱因品种不同，有褐色、黄色、白色外皮。但内部淀粉质均呈白色。高粱可代替部分玉米作为能量饲料，高粱的蛋白质含量稍高于玉米，二者均缺赖氨酸、色氨酸和组氨酸。高粱的蛋氨酸比玉米更低，高粱的蛋白质不容易消化，用高粱做饲料时一定要补加蛋氨酸。在饲料中，高粱用量一般为日粮的5%～15%。

(5)糙米和碎米　糙米和碎米均为家禽的良好饲料。但能量低于玉米，适口性较好。碎米常作为雏禽的开食料，用量可占日粮的20%～40%。

2. 糠麸类　糠麸类饲料是谷物加工成粮食所留下的副

产品，包括米糠、小麦麸、玉米糠、谷糠等，其消化率和能量利用率低，粗蛋白质含量高于它们的籽实；必需氨基酸较丰富，含有丰富的B族维生素；钙、磷比例极不平衡。它们价格低廉，是畜禽最常用的饲料。糠麸类饲料的特点是能量价值偏低，粗纤维含量高，容积大。因此，用量不易过多。

（1）小麦麸　小麦麸就是小麦碾粉过程中所分离的粗外皮，为淡褐色至红褐色，依小麦品种、等级、品质而定。小麦麸价格便宜，其蛋白质、必需氨基酸、磷、锰和B族维生素含量较高，适口性好。小麦麸中含有脂解酶，易变质生虫，且小麦麸含能量低，粗纤维含量高，饲料中用量不宜太多。一般肉鸡饲料中不用小麦麸，可用于蛋鸡饲料。雏鸡和成年产蛋鸡用量可占日粮的5%～7%，育成鸡可占日粮的10%～20%。

（2）米糠　米糠是碾米加工后的副产品，米糠中粗脂肪、粗蛋白质及B族维生素等含量均高，粗纤维含量高，米糠中钙磷比例含量不当，粗脂肪中不饱和脂肪酸含量高，容易氧化而酸败，不易贮藏。在饲料中用量不宜太大，因含植酸多，会造成钙、镁、锌、铁及其他矿物质利用率的降低。一般占日粮的5%～8%。

3. 块根、块茎类　马铃薯、甜菜、南瓜、甘薯等含碳水化合物多，有些还含有丰富的胡萝卜素，适口性好，价格便宜，易贮藏，是畜禽的优良饲料。但含蛋白质少，矿物质也不平衡，所以在畜禽饲料中应少量添加。这些饲料最好煮熟后喂家禽，这样消化率高。马铃薯发芽后有毒，必须去毒后再喂。新鲜的块根、块茎类饲料由于含水量高，因此多在加工脱水后粉碎应用。

4. 油脂类　油脂类饲料含能量高，适用于配合高能日粮。目前用于饲料的油脂主要是优质鱼油和植物油，使用油脂可减少混合粉料的飞扬，并可提高适口性。为了提高家禽饲料中的能量水平，常在饲料中添加少量的油脂（花生油、豆油、菜油等），特别是肉鸡饲料。油脂可以促进生长，提高饲料利用率。生产颗粒饲料时，加适量的油脂，可起到光滑黏合的作用，生产的颗粒料整齐、有光泽，可提高饲料的商品形象和质量。一般占日粮的1%～4%。

（二）蛋白质饲料

这类饲料是畜禽所必需的。凡是干物质中粗蛋白质含量20%以上、粗纤维含量低于18%的饲料都属于蛋白质饲料。这类饲料因来源不同分为植物性蛋白质饲料、动物性蛋白质饲料及微生物性蛋白质饲料。微生物性蛋白质饲料主要指饲料酵母。

1. 植物性蛋白质饲料 主要有豆类、饼粕类等。饼粕类饲料由于原料、加工方法的不同，营养成分及价值有较大的差异。饼粕类是日粮中的主要蛋白质饲料，使用广泛，用量较大，常用的有大豆饼（粕）、花生饼（粕）、棉籽饼（粕）、菜籽饼（粕）、芝麻饼（粕）及向日葵饼等。

（1）大豆饼（粕） 蛋白质、赖氨酸、核黄素、尼克酸含量较高，是畜禽最理想的蛋白质饲料。大豆饼（粕）与玉米、高粱配合使用，可提高饲料中蛋白质的质量，有利于畜禽对氨基酸的利用。大豆饼（粕）中蛋白质质量取决于生产工艺，既不能加热过度，也不能加热不足。加热适宜的大豆饼应为淡黄色至淡褐色。大豆饼不能生喂，因为大豆饼中含有胰蛋白酶抑制素、红血球凝集素和皂角素，胰蛋白酶抑制素阻碍蛋白质的吸收利用，红血球凝集素和皂角素对畜禽有毒害作用。一般熟豆饼可占日粮的10%～30%。

（2）花生饼（粕） 花生饼（粕）的性质和成分相差很大。它是一种较好的蛋白质饲料，含有较多的不饱和脂肪酸，精氨酸含量是所有动、植物性饲料中的含量最高者，代谢能水平很高，是饼粕类饲料中可利用能量水平最高的。花生饼（粕）的适口性极好。花生饼（粕）中含有抗胰蛋白酶因子，在加工制作花生仁饼（粕）时，如用120℃以上的温度加热，可破坏其中的抗营养因子。但温度太高，氨基酸又会遭到破坏。花生饼在湿热的环境下容易感染黄曲霉菌，它含有黄曲霉毒素，其中以黄曲霉毒素 B_1 的毒性最强，它可影响家禽的生长，甚至导致死亡。因此，切忌喂霉坏的花生饼（粕）。

（3）菜籽饼（粕） 菜籽饼（粕）中蛋氨酸、赖氨酸含量高，精氨酸含量低，菜籽饼（粕）的碳水化合物不是容易消化的淀粉，故代谢能水平较低。菜籽饼（粕）中所含的磷利用率较高，含硒量是常见植物性饲料中的最高者；但菜籽饼（粕）中含有葡萄糖苷、介子碱和单宁等抗营养因子，畜禽采食过量导致生长受阻，甲状腺肿大、甲状腺及肾脏的上皮细胞脱落等现象。另外，菜籽（粕）具有稀便性，日粮中用量高，常常出现软便现象。所以菜籽饼（粕）要加热去毒后再用。一般情况下，猪饲料中的用量不超过6%；雏鸡饲料中不加菜籽饼；肉鸡以少喂为好，用量不超过5%；青年鸡和蛋鸡菜籽饼可占日粮的5%。

（4）棉籽饼（粕） 棉籽饼（粕）蛋氨酸和赖氨酸含量与花生饼（粕）相近，精氨酸过高，粗纤维含量高，含硒量很少，磷多钙少，其中70%为植酸磷。棉籽饼（粕）中含有的棉酚是棉籽饼（粕）呈色的主要原因。棉酚有游离型和结合型两种，结合型棉酚不被动物体吸收，直接排出体外。游离棉酚与氨基酸结合，对动物有害。因此，用作饲料的棉籽饼（粕）一定要脱毒。目前一般采用煮沸加0.5%～1%的硫酸亚铁进行脱毒。

母猪饲料中不宜用棉籽饼(粕),生长肥育猪的用量不超过8%;肉用仔鸡用量应控制在8%以内,蛋鸡和种鸡日粮中棉籽饼和棉仁饼量一般不超过5%。

(5)芝麻饼(粕)　芝麻饼(粕)不含对家禽发生毒害作用的物质,所以是安全的饼粕饲料。芝麻饼(粕)蛋白质含量较高,蛋氨酸含量特别高,是所有植物性饲料中含蛋氨酸最多的饲料,其赖氨酸含量低,精氨酸含量过高,氨基酸消化率在80%～90%,高于棉、菜籽饼(粕)。芝麻饼(粕)矿物质中钙、磷均高,但因植酸磷含量高,抑制钙、磷、锌的吸收,在日粮中加入5%左右可降低饲料成本,提高蛋白质利用率。因芝麻饼(粕)含大量的植酸,会抑制许多营养物质的吸收,芝麻饼(粕)用量太高时,畜禽的生长受阻。一般幼雏不用,当与豆饼搭配使用,并且氨基酸平衡的情况下,配合添加核酸酶制剂,肉禽和育成禽可用至10%～15%,蛋禽可用至5%～10%。

(6)向日葵饼　向日葵饼粗蛋白质含量较高。粗纤维、脂肪含量较低,钙、磷含量比同类饲料高,B族维生素含量比大豆饼高。它的质量随其脱壳程度而发生变化。带壳的向日葵饼粗纤维含量高,不宜多喂;特别是肉用仔鸡饲料最好不用。向日葵饼可作为补充的蛋白质,用量不超过日粮的10%。

(7)胡麻饼(粕)　其粗蛋白质含量与棉仁饼、菜籽饼相似,但能量低、适口性较差。由于胡麻饼(粕)中含有亚麻酶,可酶解氨基酸而生成氢氰酸,对禽类有毒害作用,雏鸡对氢氰酸特别敏感,故雏鸡日粮中最好不用。胡麻饼(粕)中含有维生素B_6抑制因子,使用时一定要加倍添加维生素B_6。动物日粮中使用量过高时会造成生长停滞,羽毛脱落,产蛋量下降甚至死亡,一般用量为5%～8%。

2. 动物性蛋白质饲料　是指动物的直接产品或间接产

品，常用的有鱼粉、肉骨粉、血粉、羽毛粉、蚕蛹粉、屠宰下脚料等。它是一种营养价值很高的饲料，其特点为：粗蛋白质含量高，而且品质好；富含各种必需氨基酸，特别是植物性饲料缺乏的赖氨酸、蛋氨酸和色氨酸等；粗纤维含量几乎为零，能量值很高；粗灰分含量高，而且比例适宜；各类维生素含量丰富，特别是维生素 A、维生素 D、B 族维生素；含有未知的具有特殊营养作用的生长因子，能促进动物提高营养物质的利用率，抵消矿物质的毒性，并能不同程度地刺激家禽的生长和繁殖。总之，这类饲料非常适合家禽的营养需要。

（1）鱼粉　鱼粉是目前使用最广泛的动物性蛋白质饲料，也是畜禽最理想的蛋白质饲料。鱼粉蛋白质含量高、氨基酸组成平衡，蛋氨酸、赖氨酸、色氨酸、胱氨酸等含量丰富，钙、磷含量高，而且几乎都是有效磷，B 族维生素和硒含量高。一般鱼粉含盐量不超过 4%。由于鱼粉价格高，所以掺假现象非常严重，购买时一定要注意。鱼粉质量的优劣可从几方面进行鉴别。

①感官鉴别　鱼粉可通过看色，嗅味和手摸进行初步鉴别。鱼粉应为黄棕色或黄褐色，如果是咖啡色，说明贮存时间太长，已严重氧化变质；鱼粉应有色香味，如出现腐臭味、腥味或刺鼻的氨气味，说明已严重腐败；好鱼粉应松散、细腻，如果手感极粗、磨手，说明掺了骨粉、贝壳粉、沙子等物。

②水浸鉴别　优质鱼粉浸入水中，上无漂浮物，下无沙，水较透明。劣质鱼粉的水浑浊，上有漂浮物，如草粉、小麦麸等；下有沉淀物，如沙子、贝壳粉等；加热时有臭味。

③碘试验　纯鱼粉加碘液后，鱼粉呈棕色。如果呈蓝色，则鱼粉中可能有植物性杂质。

④尿素试验　优质鱼粉加大豆粉、水加热时无氨味，而劣

质鱼粉则出现氨味。

⑤镜检法　在显微镜下如看到大小不同的鱼肉和骨骼，肯定是纯鱼粉，否则不纯。

⑥化验分析　主要分析鱼粉的含水量、盐分、粗蛋白质和粗纤维等。好鱼粉含水量在12%以下、含盐量4%以下、粗纤维0.5%以下、粗蛋白质一般为50%～70%，其中95%以上是纯蛋白质。如果掺入尿素粗蛋白质和纯蛋白质含量差额明显过大；如掺入饼类时，粗纤维含量高达1%以上。

鱼粉在使用时要注意防止沙门氏杆菌、大肠杆菌污染和食盐中毒。应与植物性饲料配合适当，使氨基酸得到平衡。用量可占日粮的1%～6%。

(2)肉骨粉　是用不能食用的畜禽骨骼、肌肉、内脏和其他废弃物加工而成。原料不同，其营养价值有很大差别。肉骨粉营养价值不如鱼粉和豆饼，产品质量不稳定。赖氨酸含量高，蛋氨酸、胱氨酸含量低，钙、磷不平衡，用量不能太多，一般不宜超过日粮的6%，同时注意要补充缺乏的氨基酸及注意钙、磷平衡。

(3)血粉　蛋白质含量高，赖氨酸、组氨酸含量高，缬氨酸含量低，几乎不含异亮氨酸，氨基酸组成极不平衡，适口性比较差，畜禽的利用率很低，与其他蛋白质饲料如花生饼、棉仁饼等配合使用饲养效果较好；用量一般不超过日粮的2%，过多会引起腹泻等不良反应。必须注意，患传染病的畜禽血不能加工血粉饲用，以防疫病蔓延。

(4)羽毛粉　羽毛粉是家禽羽毛经高温高压水解或酶解加工而成的一种饲料，加工方法不同，羽毛粉的质量也有差别。蛋白质含量高，胱氨酸含量丰富，异亮氨酸次之。但蛋氨酸、赖氨酸、组氨酸、色氨酸含量均很低，氨基酸组成不平衡，饲料中用量不宜大，一般不超过日粮的3%。

(5)蚕蛹粉　蛋白质含量高，氨基酸较平衡，营养价值较高，钙、磷含量较低，在有条件的地区可适量加入饲料中。要注意腐败变质的蚕蛹粉不可用。

3. 微生物性蛋白质饲料　主要指饲料酵母。饲料酵母价格便宜，粗蛋白质含量在40%～60%，含有丰富的水溶性维生素和磷，但蛋氨酸和维生素 B_{12} 含量少，所以在使用时适当添加工业氨基酸效果很好，目前在养殖行业中用量越来越大。

(三)矿物质饲料

矿物质饲料是一种营养较专一的饲料，主要补充日粮中的无机矿物质元素。常用的有石粉、蛋壳粉、贝壳粉、骨粉、磷酸氢钙和食盐等。这些元素在畜禽的饲料中所占比例不大，但必须添加。否则，家禽的生产性能下降，并表现出缺乏症。添加量不能太大，否则会出现慢性中毒现象。

1. 石粉　为天然的石灰石粉，主要成分是碳酸钙，含钙量不低于33%，优质石粉含钙量高达38%，价格低廉，是畜禽补充钙质重要的矿物质饲料。作饲料用的石粉镁含量必须小于0.5%。一般而言，碳酸钙颗粒越细，吸收越好，但用于蛋鸡产蛋期时以粗粒为好。雏鸡饲料中可加入1%，成鸡饲料中可加入2%～6%。但使用时一定要注意铅、汞、砷和氟的含量，不能超过安全范围。

2. 贝壳粉　优质的贝壳粉含钙量高，杂质少，灰白色，杂菌污染少。含钙量不低于33%，主要成分为碳酸钙。家禽的吸收率高，是最好的矿物质饲料。一般占日粮的2%～8%。

3. 蛋壳粉　蛋壳经加热消毒、粉碎过筛即制成蛋壳粉。

蛋壳含钙34%以上。蛋壳不同含钙量也不同。它是一种良好的钙质饲料,可与石粉和贝壳粉配合使用。

4. 骨粉 骨粉含钙26%,磷12.6%,饲料中加入后可同时补充钙和磷。一般饲料中加入1%~3%。

5. 磷酸氢钙 含钙21%,磷18.5%,加入饲料中能同时补充钙和磷。是常用的含磷矿物质饲料,使用时一定要注意含氟量不能超过0.04%。

6. 食盐 主要成分是氯化钠,氯和钠是家禽不可缺少的矿物质元素,在配制饲料时要根据饲料中的实际含盐量,然后再考虑饲料中的添加量,避免食盐过量或不足。

饲料中食盐添加量可根据饲料的营养成分不同而增减。粗纤维含量高,应增大食盐的含量;饲料中钙、磷缺乏时,应降低食盐添加量;饲料中磷含量增加时,可减少食盐用量;钙含量过高时,应增加食盐的含量。

在配料时,畜禽所需的矿物质饲料应以矿物盐或复合添加剂的形式加入。

(四)维生素饲料

畜禽主要用的维生素饲料是一些青绿饲料、干制品及维生素添加剂。一般大型畜禽场主要使用维生素添加剂。维生素添加剂主要是人工合成的各种单项维生素或复合维生素。与其他饲料相比,维生素添加剂的稳定性较差、商品维生素制剂对氧化、还原、水分、热、光、酸碱度等因素具有不同程度的敏感性。维生素添加剂必须避光、避热、防潮、低温环境下分类贮藏。

小型畜禽场有些使用青绿饲料及其制品,常用的有胡萝卜、苜蓿粉、槐叶粉、松针叶粉等。新鲜青绿饲料的适口性好、含水多，喂时应洗净切碎，用量不能超过 30%；干制后的青绿饲料含有较高的粗纤维，一般在日粮中占 1%～5%。维生素添加剂完全可以代替青绿饲料，目前生产中主要使用多种维生素添加剂。

二、饲料产品的种类

饲料产品包括配合饲料产品和混合饲料产品。配合饲料分为全价配合饲料、浓缩饲料、精料补充料和饲料添加剂预混料。全价饲料包括全价配合饲料和全价混合饲料，前者主要应用于单胃动物，后者主要应用于草食动物。

浓缩饲料与精料补充料的最大区别是浓缩饲料一般不含有能量饲料，而精料补充料同时含有能量饲料、蛋白质饲料、矿物质饲料和饲料添加剂预混料。但精料补充料又不是全价配合饲料，有时候也把精料补充料归为配合饲料产品。

各种饲料产品及组分的关系如下。

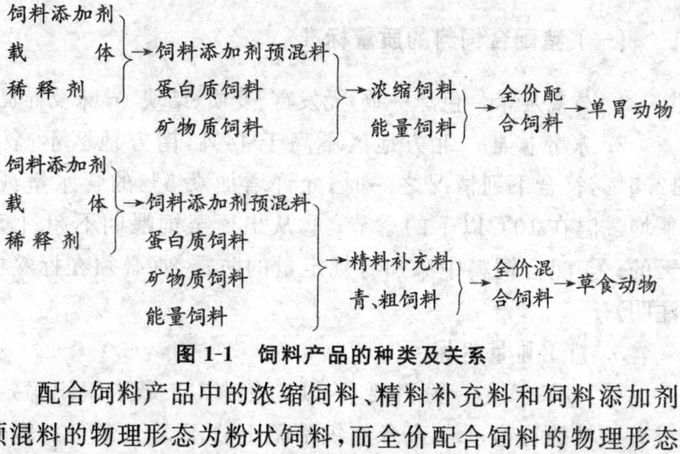

图 1-1 饲料产品的种类及关系

配合饲料产品中的浓缩饲料、精料补充料和饲料添加剂预混料的物理形态为粉状饲料，而全价配合饲料的物理形态则多种多样，以此分类包括：粉状饲料、颗粒饲料、膨化饲料、块（片）状饲料、液体饲料等，最常用的全价配合饲料是颗粒饲料和粉状饲料。此外，按饲养动物种类又可分成猪饲料、鸡饲料、牛饲料、鱼饲料等。每一种动物饲料又可依动物生理阶段分成若干类型。

三、饲料产品的质量标准

国家及地方政府有关饲料的各种法律规定是饲料生产的准则。饲料生产企业必须遵照这些法规来组织生产、销售饲料。目前我国已有畜禽配合饲料标准，饲料质量分析标准，饲料原料标准，添加剂标准等，他们已成为饲料产品设计、生产、检验的技术准则，为我国饲料工业的发展起到积极的推动作用。

饲料产品的质量标准一般包括营养要求和物理特性（加工指标）两大方面。必须指出的是饲料标准中的营养要求是对该成分的保证值，它们一般高于《饲养标准》中的数值。

（一）猪配合饲料的质量标准

1. 外观要求 色泽一致，无发霉、变质、结块、异味及异臭。

2. 水分标准 北方地区不高于14%，南方地区不高于12.5%，符合下列情况之一时，允许增加0.5%的含水量：①平均气温在10℃以下的季节；②从出厂至饲喂期不超过10天的；③配合饲料中添加有规定量的防霉剂（必须在标签中注明）。

3. 加工质量指标

（1）成品粒度 粉料要求99%通过2.8毫米编织筛，不得有整粒的谷物；1.4毫米编织筛筛上物不大于15%。颗粒料根据猪的年龄大小加工成 3.2～8 毫米粒径的颗粒，颗粒长度为粒径的 1.5～3 倍，制粒前的粉碎粒度同粉料；

(2)混合均匀度　配合饲料成品应混合均匀，混合均匀度的变异系数(CV)不大于 10%。

4. 营养成分指标　见表 1-1。

表 1-1　猪饲料质量分级标准

质量指标	仔猪饲料		生长肥育期饲料	
	前　期	后　期	前　期	后　期
粗蛋白质%	≥20.0	≥17.0	≥15	≥0.35
粗脂肪%	≥2.5	≥2.5	≥1.5	≥1.5
粗纤维%	<4.0	<5.0	<7.0	<8.0
粗灰分%	<7.0	<7.0	<8.0	<9.0
钙%	0.7～1.2	0.5～1.0	0.4～0.8	0.4～0.8
磷%	≥0.60	≥0.50	≥0.35	≥0.35
食盐%	0.3～0.8	0.3～0.8	0.3～0.8	0.3～0.8
消化能(兆焦/千克)	≥13.39	≥12.97	≥12.55	≥12.13
消化能(千卡/千克)	≥3200	≥3100	≥3000	≥2900

*资料来源：农业部畜牧兽医局(全国饲料工业办公室)等编。饲料工业标准汇编(上下册)，中国标准出版社，2002

(二)鸡配合饲料的质量标准

1. 外观要求　色泽一致，无发霉、变质、结块、异味及异臭。

2. 水分指标　北方地区不高于 14%，南方地区不高于 12.5%，符合下列情况之一时，允许增加 0.5%的含水量：①平均气温在 10℃以下的季节；②从出厂至饲喂期不超过 10 天的；③配合饲料中添加有规定量的防霉剂(必须在标签中注明)。

3. 加工质量指标

(1)成品粒度　肉用仔鸡前期配合饲料(粉料),产蛋后备鸡(前期)配合饲料(粉料)99%通过2.8毫米编织筛,不得有整粒谷物,1.4毫米编织筛筛上物不得大于15%。肉用仔鸡前期配合饲料颗粒粒径要求1.5～2.5毫米,最好特大颗粒破碎,制粒前的粉碎粒度同粉料。肉用仔鸡中后期配合饲料(粉料),产蛋后备鸡(中期,后期)配合饲料(粉料)99%通过3.35毫米编织筛,但不得有整粒谷物,1.7毫米编织筛筛上物不得大于15%。肉用仔鸡中后期配合饲料颗粒粒径要求3.2～4.5毫米,制粒前的粉碎粒度同粉料。产蛋鸡配合饲料全部通过4毫米编织筛,但不得有整粒谷物,2毫米编织筛筛上物不得大于15%。

(2)混合均匀度　配合饲料成品应混合均匀,混合均匀度的变异系数(CV)不大于10%。

4. 营养成分指标　见表1-2,表1-3及表1-4。

表1-2　产蛋后备鸡饲料质量标准

质量指标	产蛋后备鸡饲料		
	前　期	中　期	后　期
粗蛋白质%	≥18.0	≥15.0	≥12.0
粗脂肪%	≥2.5	≥2.5	≥2.5
粗纤维%	<5.5	<6.0	<7.0
粗灰分%	<8.0	<9.0	<10.0
钙%	0.7～1.2	0.6～1.1	0.5～1.0
磷%	≥0.6	≥0.5	≥0.4
食盐%	0.3～0.8	0.3～0.8	0.3～0.8
消化能(兆焦/千克)	≥11.72	≥11.30	≥10.88
消化能(千卡/千克)	≥2800	≥2700	≥2600

* 资料来源:农业部畜牧兽医局(全国饲料工业办公室)等编。饲料工业标

准汇编(上、下册),中国标准出版社,2002

表 1-3　产蛋鸡饲料质量标准

质量指标	产蛋鸡饲料		
	高峰期	前　期	后　期
粗蛋白质%	≥16.0	≥15.0	≥14.0
粗脂肪%	≥2.5	≥2.5	≥2.5
粗纤维%	<5.0	<5.5	<6.0
粗灰分%	<13.0	<13.0	<13.0
钙%	3.2～4.4	3.0～4.2	2.8～4.0
磷%	≥0.5	≥0.5	≥0.5
食盐%	0.3～0.8	0.3～0.8	0.3～0.8
消化能(兆焦/千克)	≥11.50	≥11.30	≥11.09
消化能(千卡/千克)	≥2750	≥2700	≥2650

*资料来源:农业部畜牧兽医局(全国饲料工业办公室)等编。饲料工业标准汇编(上、下册),中国标准出版社,2002

表 1-4　肉用仔鸡饲料质量标准

质量指标	肉用仔鸡饲料		
	前　期	中　期	后　期
粗蛋白质%	≥21.0	≥19.0	≥17.0
粗脂肪%	≥2.5	≥3.0	≥3.0
粗纤维%	<5.0	<5.0	<5.0
粗灰分%	<7.0	<7.0	<7.0
钙%	0.8～1.3	0.7～1.2	0.7～1.2
磷%	≥0.60	≥0.55	≥0.55
食盐%	0.3～0.8	0.3～0.8	0.3～0.8
消化能(兆焦/千克)	≥11.92	≥12.13	≥12.55
消化能(千卡/千克)	≥2850	≥2900	≥3000

*资料来源:农业部畜牧兽医局(全国饲料工业办公室)等编。饲料工业标

准汇编(上、下册),中国标准出版社,2002

(三)鸭配合饲料的质量标准

1. 外观及技术要求

(1)外观要求　色泽一致,无结块及发霉、变质,不得有异味。

(2)水分指标　同鸡料。

(3)粉碎粒度　生长鸭(0～8 周)、肉用仔鸭配合饲料 100%通过 6 目分析筛,12 目筛上物不大于 20%;生长鸭(9 周龄至开产)、产蛋鸭和种鸭配合饲料 100%通过 4 目分析筛,8 目筛上物小大于 15%。

(4)混合均匀度　鸭用配合饲料成品应混合均匀,混合均匀度的变异系数(CV)不大于 10%。

2. 营养成分指标　见表 1-5 和表 1-6。

表 1-5　生长鸭配合饲料质量标准

质量指标	生长鸭饲料		
	前　期	中　期	后　期
粗脂肪(%)	2.5	2.5	2.5
粗蛋白质(%)	≥18.0	≥16.0	≥13.0
粗纤维(%)	<6.0	<6.0	<7.0
粗灰分(%)	<8.0	<9.0	<10.0
钙(%)	0.8～1.5	0.8～1.5	0.8～1.5
磷(%)	≥0.50	≥0.60	≥0.60
食盐(%)	0.3～0.8	0.3～0.8	0.3～0.8
消化能(兆焦/千克)	≥11.51	≥11.51	≥10.88

* 资料来源:农业部畜牧兽医局(全国饲料工业办公室)等编。饲料工业标准汇编(上、下册),中国标准出版社,2002

表 1-6 肉用仔鸭、产蛋鸭及种鸭配合饲料质量标准

质量指标	生长鸭饲料			产蛋鸭、种鸭配合饲料	
	前 期	中 期	后 期	高峰期	后 期
粗脂肪(%)	2.5	2.5	2.5	2.5	2.5
粗蛋白质(%)	≥19.0	≥16.5	≥14.0	≥17.0	≥15.5
粗纤维(%)	<6.0	<6.0	<7.0	<6.0	<6.0
粗灰分(%)	<8.0	<9.0	<10.0	<13.0	<13.0
钙(%)	0.8 ~1.5	0.8~1.5	0.8~1.5	2.6~3.6	2.6~3.6
磷(%)	≥0.6	≥0.6	≥0.6	≥0.5	≥0.5
食盐(%)	0.3~0.8	0.3~0.8	0.3~0.8	0.3~0.8	0.3~0.8
消化能(兆焦/千克)	≥11.72	≥11.72	≥11.09	≥11.51	≥11.09

*资料来源:农业部畜牧兽医局(全国饲料工业办公室)等编。饲料工业标准汇编(上、下册),中国标准出版社,2002

(四)预混料质量标准

1. 外观及技术要求 色泽一致,无结块及发霉变质,不得有异味。微量元素预混料的粉碎粒度要求100%通过40目筛,80目筛上物不得大于20%;维生素预混料的粉碎粒度要求100%通过15目筛,30目筛上物不得大于10%。混合均匀度要求其变异系数小于7%。使用无机载体或稀释剂时,水分含量不高于5%;使用有机载体或稀释剂时水分含量不高于10%;含有毒有害物质要求:铅含量不得高于30毫克/千克、砷含量不得高于10毫克/千克。

2. 营养成分指标 按饲料中1%比例添加计算,见表1-7和表1-8。

表 1-7 微量元素预混料指标 (毫克/千克)

产品名称	指标			
	铜	铁	锰	锌
产蛋鸡	**	**	≥2500	≥5000
肉用仔鸡	**	**	≥5500	≥4000
仔猪(20 千克以下)	≥500	≥8000	**	≥8000
生长肥育猪	≥300	**	**	≥4000

注:** 表示国标中未给出或数值争议较大

*资料来源:中国标准出版社第一编辑室编,中国农业标准汇编饲料卷。中国标准出版社,2001

表 1-8 维生素预混料指标

产品名称	维生素 A (万单位/千克)	维生素 D_3 (万单位/千克)	维生素 E (单位/千克)	维生素 K_3 (毫克/千克)	维生素 B_2 (毫克/千克)	维生素 B_{12} (毫克/千克)
产蛋鸡	≥40	≥5	≥500	≥50	≥220	≥0.3
肉用仔鸡	≥27	≥4	≥600	≥53	≥360	≥0.4

*资料来源:中国标准出版社第一编辑室编,中国农业标准汇编饲料卷。中国标准出版社,2001

(五)精料补充料质量标准

1. 外观及技术要求

(1)外观要求 色泽一致,无结块及发霉变质,不得有异味。

(2)水分 指标同鸡饲料。

(3)粉碎粒度 100%通过 8 目分析筛,16 目筛上物不大于 20%。

(4)混合均匀度 配合饲料成品应混合均匀,混合均匀度的变异系数(CV)不大于 10%。

2. 营养成分指标 见表 1-9

表 1-9 奶牛精料补充料质量标准

质量指标	营养成分				
	粗蛋白质（%）	粗纤维（%）	粗灰分（%）	钙（%）	磷（%）
一级料	≥22	≤9	≤9	0.7～1.8	≥0.5
二级料	≥20	≤9	≤9	0.7～1.8	≥0.5
三级料	≥16	≤12	≤10	0.7～1.8	≥0.5

注:其中粗蛋白质指标不包括非蛋白物质

＊资料来源:农业部畜牧兽医局(全国饲料工业办公室)等编。饲料工业标准汇编(上下册),中国标准出版社,2002

第二章　饲料加工工艺

一、配合饲料及浓缩饲料加工工艺

饲料加工工艺简单的说就是饲料的生产组织过程及方法。配合饲料加工的基本工艺，根据原料粉碎和配料的组合形式大致分为两种：先粉碎后配料工艺，把原料粉碎放置在配料之前；先配料后粉碎工艺，把粉碎放置在配料之后。浓缩饲料的加工工艺与配合饲料的工艺基本相同。不同的是配合饲料可制成颗粒产品，而浓缩饲料的产品形态仅为粉状。

(一)先粉碎后配料的饲料加工工艺

先粉碎后配料的饲料加工工艺，指将粒状原料先进行粉碎然后再进入配料仓进行配料、混合的加工工艺。目前，国内饲料厂多采用这种生产工艺，它的优点是：因粉碎单一品种物料，粉碎机可达到最高工作效率和最佳的粉碎效果。这对粉碎机的操作和管理带来方便，管理工作也较单纯。在粉碎工艺后配备许多配料仓，这不但在生产过程中起缓冲作用，而且可短期维修粉碎机前的工艺设备，不影响生产。对大型饲料厂还可设置不同类型粉碎机，以便适应不同原料粉碎，或实现二次粉碎工艺。该工艺的缺点是由于每一原料都需要配料仓，则配料仓增多，要增加建厂的投资和以后的维修费用。也受原料品种增加时料仓数的限制。粉碎后的粉料进配料仓存放，增加了物料在仓内结拱的可能性。工艺过程如图 2-1。

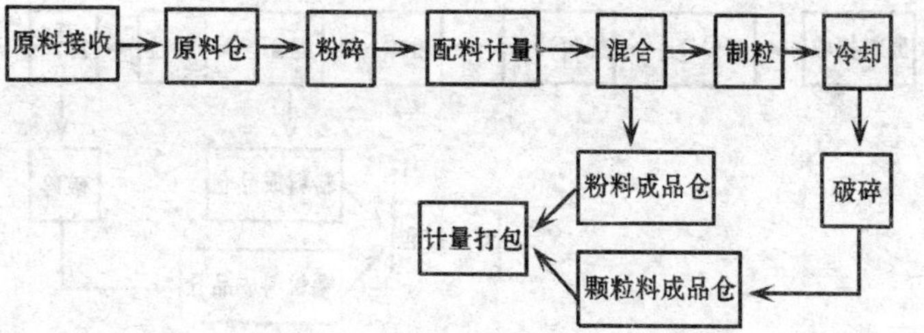

图 2-1　先粉碎后配料工艺

(二)先配料后粉碎的饲料加工工艺

在先配料后粉碎的饲料加工工艺中,将所有参加配料的各种原料,按照一定比例并通过配料秤称重后混合在一起,然后进入粉碎机粉碎。该工艺的优点:对原料品种变化的适应性强,故更换饲料配方生产时极为方便。它不需要大量配料仓,从而缩小车间面积,节省建厂投资。这种工艺适用于小型饲料厂或饲料加工机组。但国外少数大型饲料厂也有采用此工艺的。该工艺的缺点是:装机容量高,能耗也高;由于粉碎机放在配料之后,所以一旦粉碎机发生故障,则整个生产都要停止;各种原料不同,特性也不同,造成电机负荷不稳定,对输送、计量都会带来不便。工艺过程如图 2-2。

(三)工艺过程简介

1. 接收清理　是第一道加工工段,作用是清除原料中的杂质。通常需要对粒料和粉料分别进行清理。粒料清理谷物、饼粕等原料;粉料清理小麦麸、米糠等无需粉碎的粉料。每条生产线都有接收装置(栅筛、卸料坑、平台等)、输送设备(斗式提升机等)、清理筛、永磁筒等。小型饲料生产机组对原

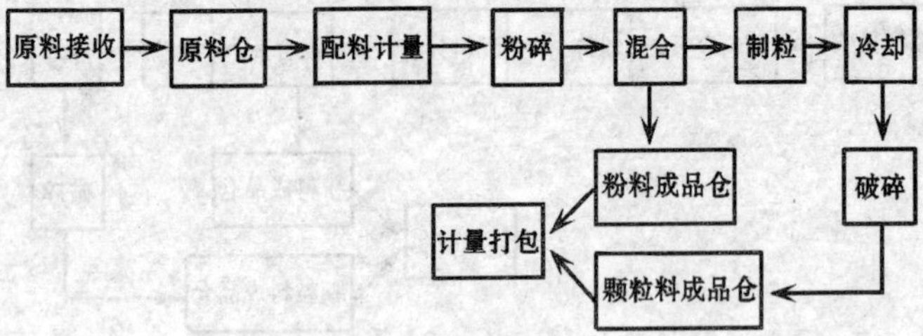

图 2-2　先配料后粉碎工艺

料的清理处理较为简单。

2. 粉碎工段　经清理工段清理干净的谷物粒料进入待粉碎料仓，经自动闸门进入喂料器，由喂料器给粉碎机给料，粉碎机可均匀连续作业，粉碎成品经螺旋输送机运至提升机，将粉碎成品送入配料仓中。

粉碎工段是饲料生产中耗能最大的工段之一，粉碎噪声也是主要噪声源之一。粉碎工段对配合饲料产品质量和生产量、成本及环境均有重大影响。

3. 配料混合工段　贮存于配料仓中的各配料组分，由各自的喂料器依设定次序向配料秤秤斗配料称重。配料秤是一种累计自动秤，每种组分的配料量是由控制系统依据给定的配方控制。每批料配料完毕，秤斗卸料门开启，将该批料卸入混合机。秤斗中物料排空，卸料门关闭，完成一个配料周期，即可进行下一批料的配料称重。

混合机的动作与配料秤动作连锁。混合机的混合周期由给料、混合和卸料三部分时间组成。当配料秤秤斗中的物料卸落混合机（给料）完成，混合机对混合物料进行搅拌混合，在达到设定的混合时间后，控制系统将混合机的卸料门打开卸料。混合机下方设有缓冲斗，将混合机每批料暂存，以缓冲后续输送设备(螺旋输送机)的输送,使其不致堵塞。

有的饲料厂在混合机上盖还设有饲料添加剂的投料口,可按配比事先将添加剂计量好,每批投一包添加剂到混合室内。另外,还对根据需要设置液体添加系统或油脂添加系统,定时定量向混合机中每批料添加液体或油脂,以提高配合饲料质量,或满足特殊的配方要求。

4. 制粒工段 完成配料混合后的配合饲料粉料,可以直接打包出厂,也可以根据需要制成颗粒饲料后再打包。制粒工段包括粉料提升到待制粒仓、磁选、调质、制粒、冷却、碎粒和分级等几步。磁选的目的是清除在生产过程中可能混入的铁磁杂质,以确保制粒机的安全。调质是向待制粒粉料中添加不饱和蒸汽,以改善粉料的制粒性能,提高成粒性和制粒质量。冷却刚压制出的热饲料颗粒的目的是降低产品含水量至贮藏安全水分以下,并提高颗粒的坚实程度。碎粒是为了一些特殊料如雏鸡料小颗粒的需要;或为了降低制粒能耗,用较大模孔压粒能耗较低,然后再破碎成所要求的粒度。破碎后的颗粒应经过分级,过粗的颗粒或过细的粉粒都是不合格的,粗粒应回到碎粒机重新破碎,粉粒则回到制粒机,合格的颗粒料进入成品仓进入包装工段。

5. 成品包装工段 一般有散装或袋装。现多为袋装出厂,用自动打包机对成品称重、装袋和缝口。

6. 其他辅助工段或工位 包括通风除尘系统、蒸汽锅炉及其系统、空气压缩机及压缩空气系统,以及各种输送设备等。

7. 中心控制室 大中型饲料厂的中心控制室(简称中控室,饲料生产机组一般没有中控室)是饲料生产过程的调度室和指挥部。中控室一般包括饲料生产工艺流程模拟屏、监控仪表、配料设备控制系统、配电柜和通讯联络系统。

二、预混合饲料加工工艺

预混合饲料，又称添加剂预混料，就是将畜禽需要的各种微量成分和药物，按配方比例，以玉米粉或小麦麸等为载体、稀释剂，均匀混合而成的。预混合饲料不可直接使用，它只是半成品，作为全价配合饲料的一种原料按比例添加到配合饲料中去，一般占全价配合饲料的0.5%～3%。

目前，全世界已登记应用的饲料添加剂已达数百种之多，同时还有许多新型的添加剂正在研制开发中，并将逐步得到应用。饲料添加剂在现代饲料工业发展过程中正起着越来越重要的作用，是饲料工业的发展重点之一，亦是其他相关行业的重要组成部分，迄今已成为一大工业门类。我国现已能生产包括维生素、矿物质元素、氨基酸、药物及其他非营养性添加剂在内的18个大类、上百个品种的饲料添加剂，年总产量约50万吨。

预混合饲料的生产，同配合饲料相比，具有原料品种多，成分复杂，用量相差悬殊等特点，因此要求配料准确，混合均匀，包装严密，生产工艺路线简短，设备少而精、污染少。具体要求如下：最大可能地保护活性成分的活性，当生产结束或更换产品品种时，必须清理在生产系统内造成的污染物质，工艺流程简短，要求配料系统的配料精度高、误差小，混合均匀度高，设备要求有防腐性，检测系统完善，包装要求高，成品销售要快。图2-3是预混合饲料生产工艺的一般流程。

（一）预混合饲料的载体和稀释剂

预混合饲料的好坏与原料的质量关系重大，因而必须对

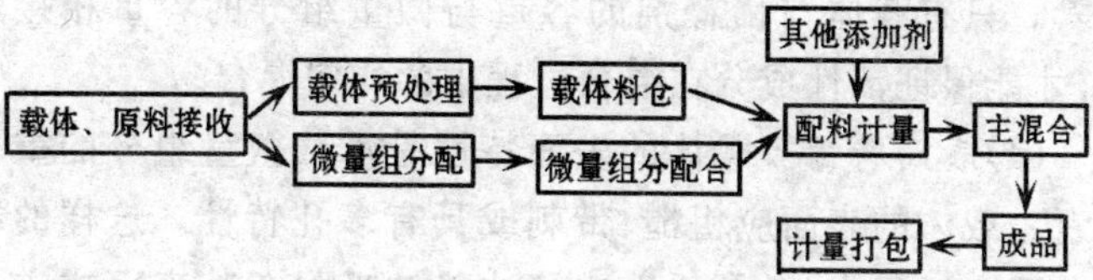

图 2-3　预混合饲料生产工艺

所用载体类原料进行严格检验，除营养成分必须检验外，如有必要，可增加维生素、矿物质元素以及氨基酸分析，对霉菌、细菌含量及其他毒素和农药的残留量等指标进行化学分析。对制粉工艺所生产的小麦麸等进行加工指标分析。对矿物质微量元素，及其他特殊原料，应按产品规格要求，进行分析化验。

1. 载体和稀释剂的要求　载体和稀释剂是保证预混合饲料质量的重要条件。对每个预混合饲料生产者来说，都必须认真选择其品种、规格和合理的预处理工艺。具体要求有以下八项。

(1)含水量　载体和稀释剂的含水量应越低越好，一般不应超过 10%。若载体与稀释剂的水分超过 15%，不仅给配料带来困难，而且极易使微量组分的活性在贮藏过程中失效。因此必须严格控制载体和稀释剂的水分。对于含水量较高的载体需进行烘干处理；对于水分稍高于 10%的载体或稀释剂，可采用吸附剂来平衡水分，并通过有效期的控制（缩短贮存期）和创造良好的贮藏条件来保证预混合饲料的质量。

(2)粒度　载体应具有承载活性成分的功能，而承载量的多少在一定程度上取决于载体的粒度。一般认为，载体的粒度在由 0.177～0.59 毫米之间较好；稀释剂的粒度则比载体的粒度要均匀和细一些。

(3)容重　载体和稀释剂的容重是影响混合均匀的重要

因素。只有载体与稀释剂的容重与微量组分的容重相接近时，才能保证活性成分在混合过程中的均匀混合。

(4)表面特性　载体的表面特性是承载微量组分的重要因素。载体的表面应粗糙、带刺或具有多孔特性。这样的载体在混合过程中，微量活性成分才能被吸附在其表面或进入多孔，达到承载的要求。因此预混合饲料的混合时间要长一些。而稀释剂却无此要求；相反要求它应具有良好的流动性，才易于混合均匀。

(5)吸湿性与结块性　吸湿性是指载体从空气中吸附水分的能力。若载体吸湿性强，则制成的饲料易于结块，活性成分易于变质失活。所以应避免使用吸湿性强的载体，如乳清粉等。结块将影响配料正确与混合均匀，而载体的结块则多与吸湿性有关。因此对于某些易结块的载体，可加入二氧化硅、硬脂酸镁、碳酸钙等。

(6)流动性　流动性对载体与微量组分的均匀混合起着重要的作用。流动性应适当，流动性差，混合不易均匀；流动性太好，则在预混合饲料的产品运输过程中易产生产品分级。

(7)酸碱度　载体的酸碱度对微量成分，特别是维生素，在贮藏过程中的稳定性起着重要的作用。所以载体或稀释剂的酸碱度应接近中性。常见载体或稀释剂的 pH 值见表 2-1。

表 2-1　常见载体或稀释剂的 pH 值(参考值)

物料名称	稻壳粉	玉米芯粉	玉米面筋粉	小麦麸	大豆皮粉	玉米酒精糟粉	小麦次粉	石灰石粉	氟石粉
pH 值	5.7	4.8	4.0	6.4	6.2	3.6	6.5	8.1	6.5

*资料来源：李德发等．配合饲料制造工艺与技术．中国农业大学出版社，2003

(8)静电　静电现象通常与纯活性成分有关，如尼克酸、核黄素、抗生素等。干燥而粉碎得很细的物料常常会带有静电,若产生吸附,则使活性成分吸附在设备的内壁,造成物料的流失或混合不均匀;若产生排斥,就会使物料的体积增大,流动性变差,也会影响混合质量。原则上,载体或稀释剂宜不带静电为好。一般可通过添加不饱和植物油或糖蜜来消除静电。

2. 载体和稀释剂的前处理

(1)烘干　载体、稀释剂的水分是越低越好,若超过15%即为不合格,就必须经过烘干去水,将水分降至10%左右较为经济合理。

(2)粉碎与分级　由于载体一般为有机物或是工业副产品,如脱脂米糠、次粉、酒糟等,因而它们的粒度一般达不到载体的要求,必须经过粉碎。我国国家标准对普通畜禽预混合饲料的粒度要求为:全部通过1毫米的分析筛,0.59毫米的分析筛筛上物不得大于10%,即90%以上的物料粒度是介于1～0.59毫米之间,粒度的分布相对较为集中均匀。

3. 微量元素的前处理　由于微量矿物元素大多为氧化物、碳酸盐与硫酸盐,其中以硫酸盐较多,而硫酸盐的最大缺点就是吸湿返潮,会影响后续的加工处理、设备寿命和维生素等其他成分的稳定性,所以必须经过预处理。

(1)干燥　通过外源热去除游离水分及部分结晶水。最好使物料分子降至一个结晶水。

(2)添加防结块剂　在某些特别容易吸湿结块的矿物原料中可添加少量吸水性差、流动性好、对畜禽无害甚至有利的某些防结块剂。如氧化硅、硅酸镁、硅酸铝钙、硬脂酸镁等,但防结块剂的用量不得超过2%。

(3)粉碎　经过上述处理的微量元素必须经过粉碎,才能达到粒度要求。添加的比例越少,要求的粒度越细。而各种矿物元素的添加比例差别较大,因而粒度要求也不相同,如一般微量元素要达到 0.1 毫米的细度,碘、钴、硒等极微量元素则要粉碎至 0.03 毫米。在我国饲料标准中,已规定微量元素预混合饲料应全部通过 0.425 毫米分析筛,0.177 毫米筛上物不得大于 20%。

(二)配料(称量)工艺

中小型饲料厂预混料的配料多采取人工配料。人工配料是最简单的配料形式,具有灵活的优点。一般来说,只要工人认真操作和严格执行规章制度,就能保证较高的配料精度。特别适合于称量小、浓度高的微量成分的配料。由于人工配料可能会造成人为失误,因此有必要安装防止故障的控制机构。如当每批微量成分配好后,只要还未加入混合机内,混合机就不能进入下一程序。但该法费时、人工强度大。

(三) 混合工艺要求与设备

1. 混合工艺要求 混合是预混合饲料厂最重要的工序之一,也是保证预混合饲料质量的关键所在,它的混合要求比配合饲料要高,具体表现在:①微量成分的浓度高,它们混合均匀与否对全价料的影响很大,因此在我国国家标准中规定其变异系数不大于 7%,而配合饲料为不大于 10%。②在承载混合中,不单为了混合均匀,更重要的是让载体和微量成分有一定的结合程度,不易在输送运输过程中出现分离。因此,所需的混合时间要比配合饲料长得多,一般要 15 分钟以上,而配合饲料只有 5 分钟左右,甚至更短。③要求混合机内的残留量越少越好,一般在万分之一以下、最好采用大开门排料。④预混合饲料一般都有液体添加装置,如添加油脂。基于预混料的性质，选用混合设备时要求易于清理，不能残留。常用的设备如下。

2. 混合设备

(1)螺带翻转式混合机　该机型目前使用最为广泛，既可用于预混料的混合，也可用于全价饲料的混合。与其他机型相比，制造成本低，混合速度快，均匀度高，易于用重力自流式添加工料和微量成分，能添加液体，取样方便。该机采用翻转式出料机构，解决了物料残留问题。

(2)旋转式鼓形混合机　该机由转鼓、进料口、转轴、传动等几部分组成。转鼓两端呈圆锥形，鼓内带有倾斜的刮板，转鼓和刮板绕主轴转动，使物料混合。该机对于物料的混合性能相当优异。与螺带翻转式相比，价格高，添加液体时效果差，进出料麻烦，不易清理和取样，混合周期长。

(3)固定式鼓形混合机　其结构和旋转鼓形相仿，但鼓形壳体静止不动，鼓内刮扳装在主轴上高速旋转从而产生强烈的混合作用。许多情况下数秒钟内就能完成混合过程。通常用在混合面团状物料和粘性很大的物料。其价格较高，清理取样也不方便。

(4)V 型间歇混合机　该机体由混合壳体、转轴、传动等部分组成，混合壳体呈 V 形，两端有进出口。转轴与壳体相连，在壳体内部的转轴上配有叶片，从而提高混合均匀度。机壳一般由不锈钢制成，这种混合机的混合性能好，缺点是有液体添加时效果一般。

(5)立式行星锥形混合机　该机有锥形筒身和多条能行星式运转的绞龙型搅拌器组成。它对干物料或面团状物料都能混合均匀，而且在添加高比例液体时亦能混合彻底。这种混合机是一种适用性很强的高效预混合机，缺点是成本高，混合周期长。

(6)松粉机　松粉机一般应用于预混料生产中。粉状物料因贮存过程中吸潮或运输过程中受压而容易结团、结块等现象,采用人工方式不能使物料彻底松散。松粉机可以很好地解决这一问题。生产中,物料自投料斗投入,在高速旋转的倾斜筛筒带动下与固定的拔叉发生对撞而被打散,打散后的物料过筛后经出料口排出。

混合均匀后的预混合饲料不宜再进行机械输送,最好立即包装。

三、典型工艺流程案例

饲料厂生产规模大小不同,生产工艺流程差别较大。规模大的厂,设备较为完善,自动化程度高;规模小的厂,一般设备简化,劳动强度相对较大。图 2-4,图 2-5,图 2-6 所示为配合饲料加工生产的基本工艺流程及各种规模饲料厂的工艺流程举例。

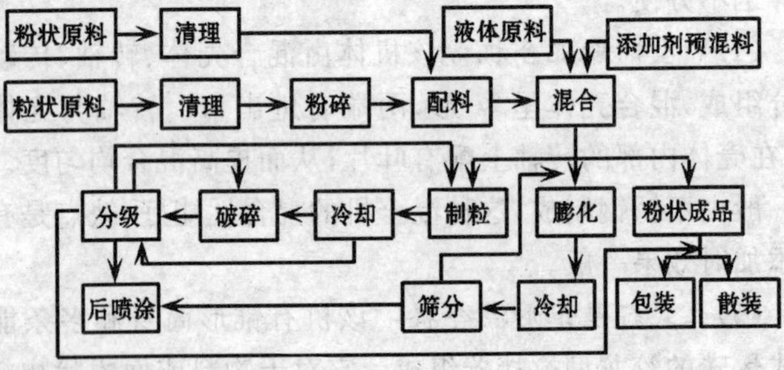

图 2-4　配合饲料加工工艺基本流程

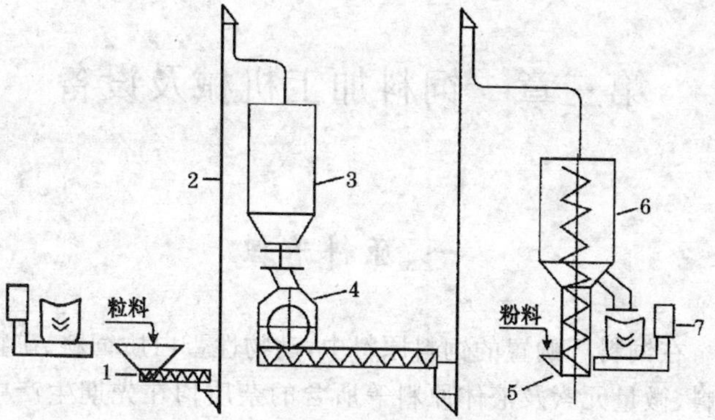

图 2-5　小型饲料厂工艺流程

1. 粒料斗　2. 提升机　3. 粒料仓　4. 粉碎机
5. 粉料斗　6. 立式混合机　7. 秤

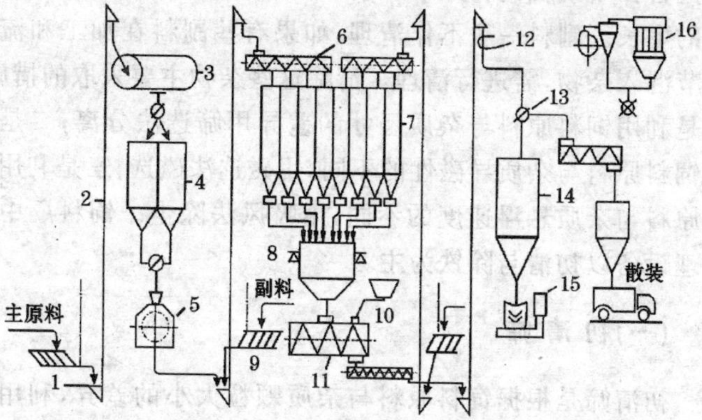

图 2-6　中型饲料厂工艺流程

1. 粒料坑　2. 提升机　3. 初清筛　4. 粒料仓　5. 粉碎机
6. 螺旋混合机　7. 配料仓　8. 配料秤　9. 副料坑　10 添加剂进料口
11. 混合机　12. 磁铁　13. 拨斗　14. 成品仓　15. 台秤　16. 防尘系统

第三章 饲料加工机械及设备

一、原料清理

在饲料厂购置的饲料原料中，动物性蛋白质饲料、矿物质饲料、微量元素及液体原料等所含的杂质均在先期生产中进行了清理，一般不需要在饲料厂重复清理。饲料原料中需要事先清理的主要是谷物饲料及其加工的副产品等。在这些原料中，主要含有石块、泥土、麻袋片、绳头、金属等杂物。他们的危害在于损害饲料加工设备，堵塞设备管道和影响畜、禽、鱼的生长。副料一般不作清理，如果有些副料在加工和流通环节混入杂物，需进行清理。清除这些杂物主要采取的措施，一是利用饲料原料与杂质尺寸的差异用筛选法分离；二是利用饲料原料与杂质导磁性的不同，用磁选法磁选；三是利用饲料原料与杂质悬浮速度的不同，用吸风法除尘。饲料厂中的清理设备以初清与除铁为主。

（一）初 清 筛

初清筛是根据饲料原料与杂质颗粒大小的差异，利用筛面进行筛理。小于筛孔的物料可穿过筛孔成为筛下物，大于筛孔的杂质不能通过筛孔而被清理出来（筛上物）。饲料厂常用的有网带式初清筛、圆筒（或圆锥）式初清筛。

1. 网带式初清筛 结构如图 3-1 所示。它是由网带、进出料口、沉降室、传动装置等组成。其工作部件是网带。网带是由钢丝纺织而成的方形孔筛(14 毫米×14 毫米或 16 毫米×16 毫米净宽),分段焊接在牵引链板上。

工作时,传动机构驱动链板及网带不断运转,原料从进料口落下,并穿过上下网带而流向原料出口;不能穿过筛孔的大杂质,被上网带送到杂质出口予以排除。粉尘由吸风口排出。网带一般用刷子清理筛面和用刮刀切割麻绳等容易缠绕的纤维性杂质。

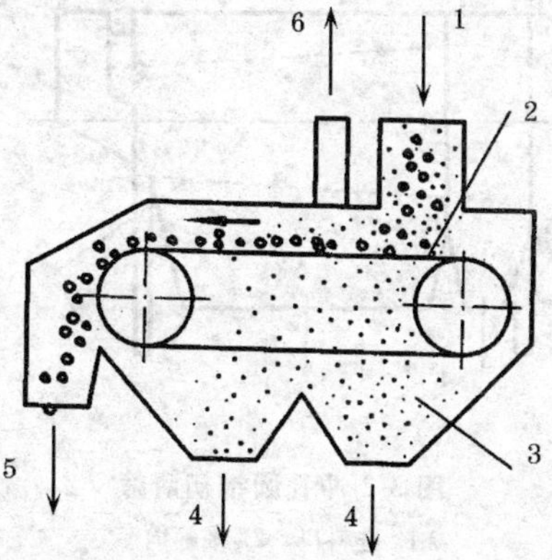

图 3-1 网带式初清筛

1. 原料进口 2. 网带 3. 沉降室
4. 净料出口 5. 杂质出口
6. 吸风口

2. 冲孔圆锥初清筛

结构如图 3-2 所示。它是由圆锥形冲孔筛筒、托轮、吸尘部分、传动装置和机架等组成。原料从进料口进入圆锥筛小头内,一边随圆锥筛筒回转到一定的高度跌落下来,一边沿着圆锥筛筒的斜面向筛筒大头移动,在这种复合运动中,穿过筛孔的原料流向净料出口,不能穿过筛孔的大杂质,通过筛筒大头排出。该筛结构简单,产量较高,清理效果尚好,但更换筛筒不便,粒料(如玉米)冲击筛面的噪声较大。而纺织筛的噪声较低,开孔率也高。

(二)磁选设备

饲料原料从产地到饲料加工厂经过了许多环节,往往会

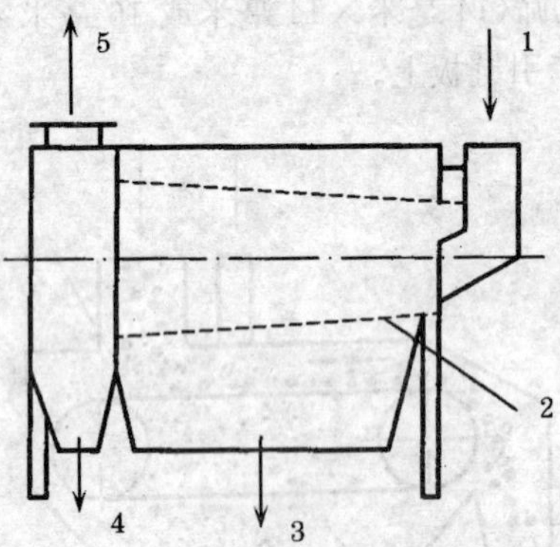

图 3-2 冲孔圆锥初清筛

1. 进料口　2. 锥筛筒
3. 净料出口　4. 杂质出口
5. 吸风口

混入铁钉等金属杂质。这类杂质对饲料加工危害极大。首先超过饲料成品质量要求的允许含量会影响畜、禽、鱼的正常生长;其次会加速设备的磨损,损坏机器;更严重的是当金属杂质进入锤片式粉碎机,辊式粉碎机和风机等设备中时,碰撞产生的火花,能引起爆炸事故。因此原料在进入锤片式粉碎机、辊式粉碎机、压粒机、风机等设备以及成品包装之前,必须安装磁选设备。

磁选设备是利用饲料原料与磁性金属杂质磁性的不同来清除金属杂质的。饲料原料是反磁性物质,磁性金属具有极易被磁化的性质,它们在通过磁选设备的磁场区时,饲料原料能顺利通过,而磁性金属杂质受磁吸作用,与原料分离。

1. 永磁筒磁选器　结构如图 3-3 所示。它由内筒和外筒两部分组成,外筒通过上下法兰连接在饲料输送管道上;内筒即磁体,它由若干块永久磁铁和导磁板组装而成,磁铁用铜螺钉固定在导板上。磁体的特点是磁极性沿圆柱体表面轴向分段交替排列。磁体外部有一表面光滑而耐磨的不锈钢外罩,并用钢带固定在外筒门上,清理磁体吸附的铁质时,可打开外筒门,将磁体转到筒外进行清理。

永磁筒工作时,物料由进料口落到内筒顶部的圆锥体表

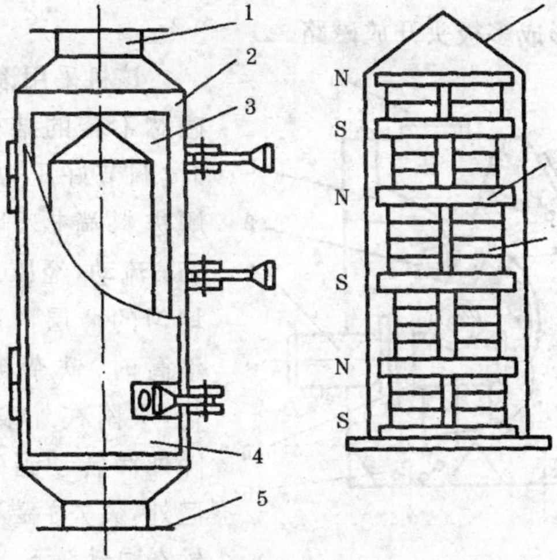

图 3-3　永磁筒磁选器

1. 进料口　2. 外筒　3. 磁体　4. 外筒门　5. 出料口
6. 不锈钢外罩　7. 导磁板　8. 磁铁块

面，受到锥体表面阻挡之后弹向外筒内壁，在筒壁反力及重力作用下，均匀向四周散开，形成圆柱面状的物流帘，顺着磁体外罩表面及沿着近于磁力线方向下落，使磁性金属杂质易被磁体吸住，而非磁体物料则从出料口排出，从而完成物料与铁质的分离。该机结构合理，磁性强，磁选效果好，去铁效率高达 99.5%以上。

2. 永磁滚筒磁选机　结构如图 3-4 所示。它是由进料口、供料压力门、永磁滚筒、出料口、排铁杂口、驱动装置和机壳等组成。永磁滚筒主要是由不锈钢板制成的外滚筒（外表面敷有无毒耐磨聚氨酯涂料作保护层）和半圆形的磁芯组成。磁芯由永久磁块和铁隔板按一定顺序排列成 170°的圆弧形安装于固定的轴上，铁隔板起集中磁通作用。永磁块分为八组排列，形成多极头开放磁路。

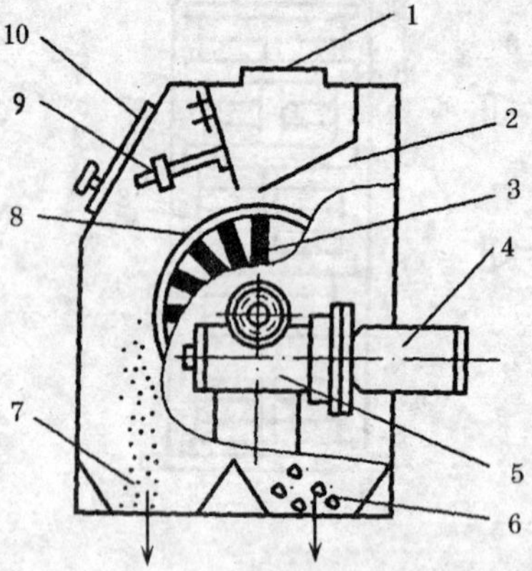

图 3-4　永磁滚筒磁选机

1. 进料口　2. 机壳　3. 磁铁
4. 电机　5. 减速器　6. 排铁杂口
7. 净料出口　8. 滚筒
9. 压力门　10. 观察窗

该机采用滚筒旋转，磁芯不转的结构。工作时，调节好压力门，物料顺进料淌板（倾角约为35°）流动，经压力门形成均匀的薄层滑落。流经滚筒时，铁杂被磁芯磁化，吸附在外滚筒表面，随外筒转动到磁场作用区外，失去了磁吸作用的铁杂自动落下，由排铁杂口排出，而被清理物料从出料口排出。该机结构简单，物料与磁铁不直接接触，使用寿命长，无需人工经常清理，磁选效率高，但价格较贵。

二、饲料粉碎

（一）饲料粉碎的目的、方法和对粉碎机的要求

粉碎是饲料厂中最重要的工序之一。粉碎影响配合饲料的质量、产量、电耗与成本。粉碎机动力配备占饲料工厂总配套功率约 1/3 或更多。

1. 饲料粉碎的目的

(1)提高了畜禽对饲料的消化吸收率　物料粉碎后，暴露的表面积增加，从而增大了它与畜、禽消化液的接触面积而提高了消化吸收率。但物料的粉碎粒度并非愈细愈好，在喂饲过程中，如果饲料中含有过多的微粒，就会弥漫在空气中，引起畜禽呼吸道疾病的多发。同时，过分的粉碎，也将急剧地增加粉碎功耗，降低生产率。

对于饲料的粒度，我国规定为：喂仔猪、生长猪、成猪、幼鸡，全部通过孔径为 2.5 毫米的筛子，1 毫米的筛孔筛面上留量不大于 5%；喂哺乳期牛、奶牛、大中雏、成鸡，全部通过孔径为 3.5 毫米的筛子，2 毫米筛孔筛面上留量不大于 5%。

(2)有利于混合均匀　在配合饲料生产过程中，各种物料必须经粉碎达到一定粒度，才能促使各种物料混合均匀，构成合格产品。过大或过细的颗粒，都会因生产中的自动分级性能而破坏饲料的均匀性，特别是大颗粒更明显。

(3)便于加工成多种饲料　在生产粉状、颗粒状、膨化颗粒状配合饲料时，物料首先需要经过粉碎后，才能进行后续生产或深加工。

(4)满足生产的特殊需要　对某些微量添加剂原料，粉碎是为了获得足够细的颗粒，增加颗粒数目以保证混合均匀，此时，需使用微粉或超微粉碎机。对脱水干草粉进行粉碎加工，主要是为了输送、混合与压粒等工序的顺利进行。

2. 粉碎方法和粉碎机的种类　粉碎是用外力克服物体分子间的内聚力并使之碎裂的过程。根据作用力的不同，粉碎方法主要可以分为击碎、磨碎、压碎和锯切碎等四种，如图 3-5 所示。

(1)击碎　击碎主要是利用安装在粉碎室内许多高速回

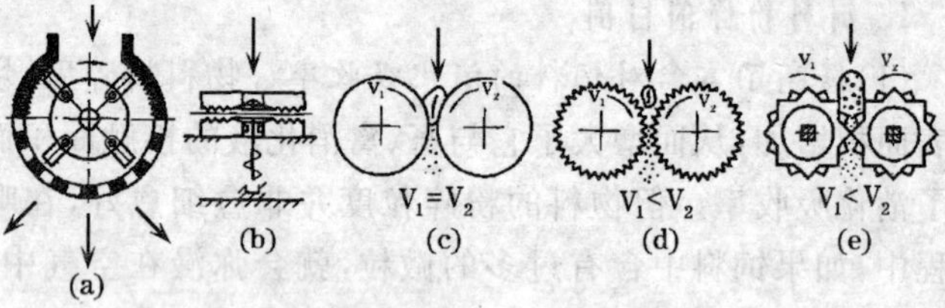

图 3-5　饲料的粉碎方法

a. 击碎　b. 磨碎　c. 压碎　d. e. 锯切碎

转的工作部件(如锤片、齿片、磨块等)对物料撞击产生碎裂。这种粉碎方法的优点是适用性好,生产率高,粉末较少。缺点是耗能高。利用这种方法工作的有锤式、爪式粉碎机。

(2)*磨碎*　磨碎是利用两个磨盘上刻有齿槽的坚硬表面,对物料进行切削和摩擦而使物料碎裂的。磨碎的方法一般仅用于干燥而不含油的物料。它可以磨碎成各种粒度的成品,但含粉末较多,成品温度也较高。利用这种方法加工的有钢磨和石磨,钢磨的制造成本低,所需动力较小,但加工成品中的含铁量偏高,目前在配合饲料中应用较少。

(3)*压碎*　压碎是利用两个表面光滑的压辊,以相同的速度相对转动($V_1=V_2$),物料受挤压和与工作表面发生磨擦而粉碎。压碎的方法不能充分地粉碎饲料,应用较少,适用于加工脆性物料,常用于压扁燕麦作马饲料,也可用于轧碎饲料压粒机压出的大直径颗粒饲料,称为碎粒机。

(4)*锯切碎*　锯切碎是利用两个表面有齿而转速不同($V_1<V_2$)的磨辊,将饲料锯切碎。这种粉碎方法特别适宜于制作面粉和粉碎谷物饲料,并可获得各种不同粒度的成品,产生的粉末也很少,但不能用来粉碎含油和湿度大于18%的饲料,否则会产生沟槽堵塞,饲料发热。采用这种粉碎方法的粉

碎机称为辊式粉碎机或辊式磨。另外,还有利用两个方形齿的金属盘将油饼锯切碎的辊式碎饼机。

选择粉碎方法,也就是选择粉碎机类型时,被粉碎物料的物理机械性能,例如硬度和破裂性,对粉碎的难易程度影响很大,是很重要的参考因数。对于特别坚硬的物料,击碎和压碎方法很有效,对韧性物料用研磨为好,对脆性物料以锯切为宜。在饲料工业中,用于谷物粉碎以击碎、磨碎及锯切碎应用最广,对含纤维多的物料以盘式磨为好。由于粉碎方法直接影响到粉碎的质量和耗能量,故正确地选择粉碎方法,具有重大经济意义。

3. 对粉碎机的要求 具体要求可概括为:①粉碎成品的粒度可根据需要能方便地调节,粉碎成品的粒度均匀,粉末少,粉碎后的饲料不产生高热,以便贮存;②通用性好,能粉碎多种饲料;③可方便连续地进料及出料;④动力消耗与单位成品能耗低;⑤结构简单,工作部件耐磨、更换迅速,标准化程度高,整机使用维修方便;⑥有吸铁装置、安全室等安全设施,不易发生事故;⑦作业时粉尘少,噪声小。

(二)锤片式粉碎机

1. 锤片式粉碎机的类型、构造和工作过程 锤片式粉碎机是一种利用高速旋转的锤片来击碎饲料的机器,它具有通用性广,对饲料的湿度敏感性小,调节粉碎度方便,粉碎质量好,使用维修方便,生产率高和使用安全等优点,因此在饲料工业中应用很普遍,但它消耗的动力较大。我国所使用的锤片式粉碎机型号繁多,但按其结构主要可分为两种型式:切向进料式和轴向进料式。

(1)切向进料式锤片式粉碎机 结构如图 3-6 所示。它由喂料斗、机体、转子、锤片、齿板、筛片、风机和集料筒等组成。锤架板和锤片组成的转子由轴承支承在机内，下机体内安有筛片，上机体内安有齿板，包围整个转子，构成粉碎室。锤片用销子销连在锤架板的四周。锤片之间的销轴上装有垫片，使锤片彼此错开，并沿粉碎室的轴向作均匀的分布。风机进风口通过吸料管与粉碎机的出料口相连，风机的排风口通过输料管与集料筒相连接，集料筒的出风口可通过回料管与粉碎机顶部相连，也可以直接与集尘袋相连。

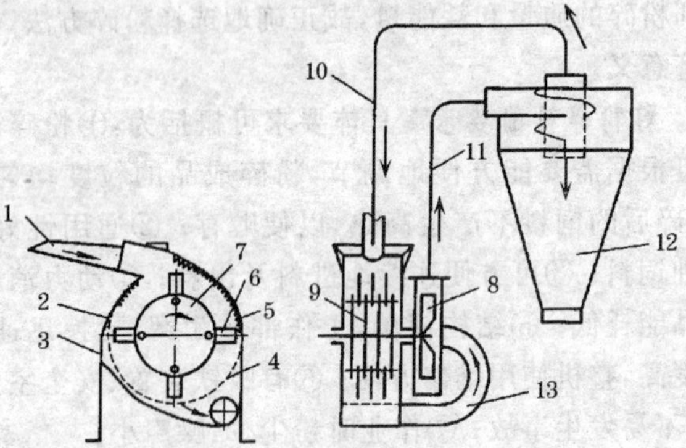

图 3-6　切向进料式锤式粉碎机

1. 喂料斗　2. 上机体　3. 下机体　4. 筛片　5. 齿板　6. 锤片　7. 转子　8. 风扇　9. 锤架板　10. 回料管　11. 出料管　12. 集料筒　13. 吸料管

工作时，饲料从喂料斗进入粉碎室，首先受到高速旋转的锤片打击而飞向齿板，与齿板发生撞击而被弹回，然后再次受到锤片的打击和跟齿板相撞击，饲料颗粒经反复打击和撞击后，就逐渐碎成较小的碎粒。与此同时物料也受到锤片和筛面的搓擦、磨擦作用而进一步粉碎。经上述作用后，小于筛孔的颗粒可由筛片的孔中漏出，留在筛面上的较大的颗粒，将同新加入的物料一起，再次受到上述粉碎作用，直到饲料从筛孔中漏出为止。

通过筛孔漏下的饲料，由吸料管吸入风机，然后由风机形成的气流切向送入集料筒。夹带有饲料粉粒的气流，在集料筒内以很高的速度旋转，气流中的饲料粉粒受离心力的作用被抛向筒的四周，速度逐渐降低后而慢慢沉积到筒底，通过排料口流入袋内。气流从顶部的排风管排出，并通过回料管使气流中分离不净的极细小的饲料灰粉回流入粉碎机。也可在排风管上接聚粉袋，收集饲料灰粉，以防污染环境。

稍为潮湿的长茎秆饲料用切向喂入的粉碎机粉碎时，容易缠绕主轴，可采用轴向喂入的锤片式粉碎机。

(2)轴向进料式锤片式粉碎机　结构如图 3-7 所示。它的结构基本与切向进料式锤片式粉碎机相同，不同点在于：

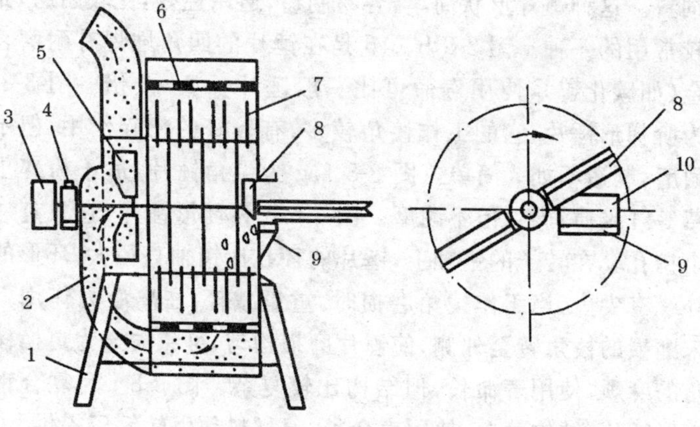

图 3-7　轴向进料式锤片式粉碎机

1. 机架　2. 风扇接管　3. 皮带轮　4. 轴承座　5. 风扇叶片
6. 筛片　7. 锤片　8. 动刀　9. 定刀　10. 喂入口

①喂入口位于靠近轴线的粉碎机的一侧，形成轴向喂入。

②增加了初切装置,一般由两把切刀和底刃构成。将茎秆切成5～15毫米的碎段,以利于粉碎。③一般取消齿板,采用环筛,也即筛子包角增加到360°,以便提高生产率。④为了粉碎饲料,常在机器上方另设一谷物料斗,以装待加工的谷粒饲粒。粉碎谷粒时该机工作过程与前述相同。粉碎茎秆饲料时,由轴向喂入口喂入,进行初切后再粉碎,由于转子旋转时在中心部分产生负压,故喂入能比较顺利。

2. 锤片式粉碎机的主要工作部件

(1)锤片　锤片是锤式粉碎机的主要工作部件,也是机器中的易损件,它对粉碎机的性能影响很大。锤片的种类很多,常用的锤片如图3-8所示。图3-8 a是矩形板条状锤片,它有两个孔,用其中一孔销连在销轴上,可轮换使用四个角来粉碎饲料。这种锤片形状简单,容易制造,通用性好,比较耐磨,是较常用的一种。图3-8 b、c、d是在锤片的四角堆焊有耐磨合金(如碳化钨),使用寿命可比一般锤片长2～3倍。图3-8e为阶梯形锤片,它的工作棱角较多,有较好的粉碎作用,但不耐磨,制造不如a简单。图3-8 f、g为尖角锤片,适于粉碎干草等纤维质饲料,但不耐磨。图3-8 h为环形锤片,它只有一个销孔套在转子的销轴上,锤片的环孔比销轴直径大,环形的外缘有尖齿,当工作棱角磨损时,重量减轻,在离心力作用下未磨损的棱角转至外侧,使锤片磨损均匀,可免去人为更换棱角的麻烦,使用寿命长,但结构比较复杂。图3-8 i为复合钢矩形锤片,结构简单,使用寿命长,但材料须由轧钢厂提供。

锤片排列的形式有四种,即:螺旋线排列、对称排列、交错排列和对称交错排列,如图3-9所示。图3-9 a为螺旋线排列,可分单线和双线,图示为单螺旋线排列,是最简单的一种排列方式。锤片在粉碎室的宽度内分布均匀而没有重复,但

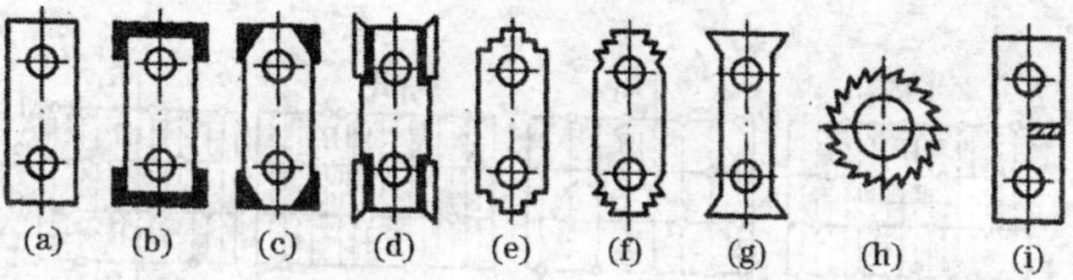

图 3-8 锤片的种类

a. 矩形　b. c. d. 焊有耐磨合金　e. 阶梯形

f、g 尖角　h. 为环形　i. 复合钢矩形

在工作时会引起饲料被推向一边而引起分布不均，锤片和筛片也磨损不均匀。由于对称销轴 I、III 上的锤片离心力合力 R_1 和 R_3 的作用线相距 e，使两力不能平衡，同样 II、IV 上的锤片离心力合力 R_2 和 R_4 也不能平衡，当转子高速回转时出现不平衡力矩，使机器产生震动。

图 3-9 b 为对称排列，对称销轴 I、III 和 II、IV 上的锤片对称安装，使对称销轴上的锤片离心力合力 R_1 和 R_3，R_2 和 R_4 均可相互平衡，使机器震动小。饲料在粉碎室内分布均匀，物料无侧移现象，锤片磨损比较均匀，锤片在粉碎室内的分布有一次重复。所以，在同样的轨迹密度下，使用的锤片数量多。

图 3-9 c 为交错排列，可分单片和双片，图示为双片一组。锤片轨迹均匀，不重复，对称销轴上的锤片离心力合力可以相互平衡，转子运转平稳，但工作时物料略有偏移。

图 3-9 d 为对称交错排列，锤片轨迹在粉碎室的宽度内对称均匀分布，不重复，而且锤片排列左右对称，4 根销轴上的锤片离心力合力作用在同一平面内，可以相互平衡，因此平衡性好。

国产粉碎机以第三种和第四种锤片排列形式应用的较

多。

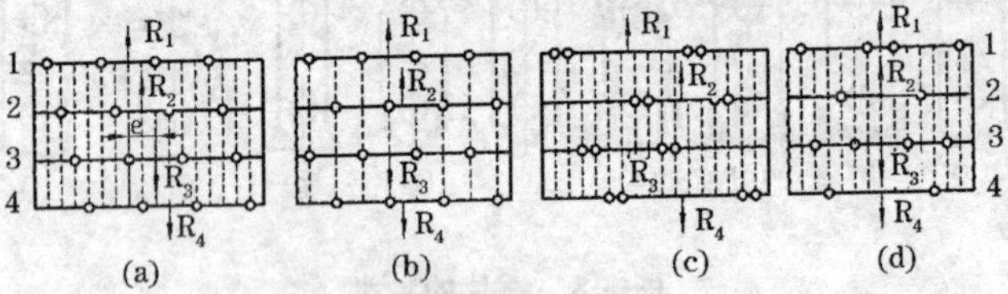

图 3-9 锤片的排列

a. 单螺旋线排列 b. 对称排列 c. 交错排列 d. 对称交错排列

(2)齿板 齿板的功用是破坏物料分层环流运动、改变物料的运动方向和降低物料的运动速度，以增加粉碎效果。它一般由白口铸铁制成，耐磨。齿板可制成人字形、直齿形和高齿槽形三种。齿板截面有方齿形或尖角齿。

(3)筛片 筛片是用来控制成品粒度的。粉碎机上所用筛片有圆孔筛、圆锥孔筛和鱼鳞筛等数种。因圆孔筛结构简单、制造方便、比较耐磨，而应用较多。筛孔的直径分四个等级：小孔 1～2 毫米，中孔 3～4 毫米，粗孔 5～6 毫米，大孔 8 毫米。

筛片按配置形式不同又分为底筛、环筛和侧筛。底筛和环筛安于转子四周，并弯成圆弧状。侧筛安于转子的侧面，呈平圆形。侧筛的主要优点是筛片的使用寿命长，缺点是换筛不便。我国生产的粉碎机以底筛和环筛较多。

3. 影响粉碎机工作的主要因素

(1)饲料的类型 物料的品种不同，粉碎的难易程度和度电产品量有很大差异。一般谷粒饲料容易粉碎，粉碎的粒度小、粉尘少，度电产品量较高，粗饲料特别是纤维饲料不易粉碎，度电产品量普遍较低。在筛孔直径为 1.2 毫米，饲料含水率＜15%的情况下，各种饲料的度电产品量(千克/度)为：玉米和高粱 45～60，谷壳 17～22，红薯藤 12～16，玉米秸 8～13，高粱秸 7～12，豆秸 6～10，玉米芯（筛孔 2 毫米）3～4。

（2）饲料含水率　饲料的含水率增加，粉碎机的生产率将降低，度电产品量也将下降。一般要求粉碎时饲料含水率不超过 15%。

（3）锤片线速度　锤片末端的线速度对粉碎机的生产率和功率消耗有很大影响。锤片线速度过低时，锤击能力弱，抽吸粉料的风力也小，故生产率低。锤片线速度高时，粉碎能力和排粉能力加大，成品粒度变细，生产率提高。但如果锤片速度过高，由于轴承磨擦和搅动空气消耗的功率剧增，使单位产品的能耗明显提高，机器的振动和噪声随之加大。因此，锤片线速度有一合适使用范围。国内粉碎机锤片线速度一般为 80～90 米/分。

（4）锤片的厚度　在其他条件相同的情况下，粉碎机的生产率随锤片的厚度的减少而增加。但薄锤片加工的产品粒度较大，锤片使用寿命短。一般在粉碎纤维饲料时，用厚 2～3 毫米的锤片；粉碎油饼粕和矿物质时，用厚 6～8 毫米的锤片；粉碎谷物时，用厚 5 毫米的锤片。

（5）锤片的数目　成品的粒度随锤片数目的增加而减小。每 100 毫米的转子宽度上应有厚 3 毫米的锤片 12～15 个。

（6）锤筛间隙　锤筛间隙是锤片端部和筛片之间的间隙。对粉碎机工作性能也有较大的影响。当锤筛间隙过大时，饲料颗粒在粉碎室外圈的运动速度较低，对筛孔的通过性能有利，但外圈的饲料受到锤片打击的机会少，成品变粗，同时阻碍了内层较小物料通过筛孔排出，从而使生产率下降。锤筛间隙过小时，外圈饲料受到锤片打击机会多，但饲料层运动速度快不利于排粉，使生产率下降，成品变细，功耗增加。因此锤筛间隙有一最佳范围，我国通用系列粉碎机的锤筛间隙采用 12 毫米，推荐粉碎谷物的锤筛间隙 4～8 毫米，粉碎秸秆的锤筛间隙为 10～14 毫米。

(7)筛孔直径　筛孔直径直接影响到被粉碎饲料的细碎度(平均颗粒直径)。饲料细碎度 M 与筛孔直径 d 之间的关系为：$M=(0.25\sim0.33)d$ 毫米，因此，筛孔直径愈小，饲料粉碎可以愈细，但机器的生产率和度电产品量也将显著降低，成品的温升高。因此在满足成品粒度要求的前提下，应采用较大筛孔直径的筛片。

(三)其他类型粉碎机

1. 齿爪式粉碎机　简称爪式粉碎机。其特点是体积小，重量轻，工作转速高，产品粒度细，对加工物料的适应性较广，但其功率消耗大，噪声高。齿爪式粉碎机的结构如图 3-10 所示。它主要由机壳、主轴、喂料斗、环形筛、动齿盘、定齿盘、皮带轮及机架等零部件组成。

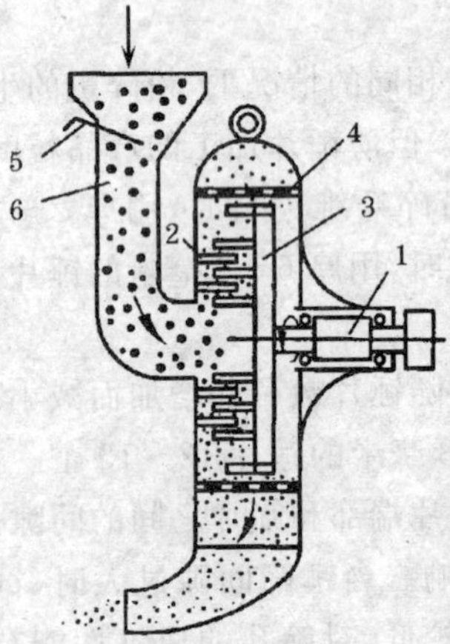

图 3-10　齿爪式粉碎机

1. 主轴　2. 定齿盘
3. 动齿盘　4. 筛片
5. 进料控制插门　6. 喂入管

工作时，由电动机驱动皮带轮，使固定在粉碎室内卧轴上的动齿盘旋转。在动齿盘上固定有 2～4 圈齿爪，定齿盘上则有 2～3 圈齿爪。动、定齿盘上各圈齿爪排列直径不同，错开排放。待被粉碎的物料由喂料斗喂入，借自重及转盘转动所产生的负压吸入粉碎室中央，受离心力及气流作用，物料自内圈向外圈运动。在运动的过程中，物料受到动、定齿盘上各个齿爪的多次打击、搓擦和磨擦作用而粉碎。被粉碎后的物料到达外圈受到环筛的限制，在高速旋转的动齿盘形成的风压作用下，使小于筛孔的细粒通过筛孔进入筛外空腔，落入出粉管排出机外。粗粒则在粉碎室内继续受到动齿和筛面的打击、磨擦，直至通过筛孔排出机外。

齿爪式粉碎机的主要工作部件是齿爪。动齿盘上的齿爪有圆齿和扁齿两种，圆齿装在内圈，扁齿装最外圈。动齿爪长度占粉碎室宽度的75%～81%，最外圈扁齿的线速度为80～85毫米/秒，扁齿与筛片间隙为18～20毫米，动齿爪和定齿爪间隙：内圈为35～45毫米，外圈为10～20毫米。

2. 对辊式粉碎机　对辊式粉碎机在粮食工业中用于小麦等的制粉，在饲料生产中则用于谷物饲料的粉碎（多用于二次粉碎工艺的第一道粉碎工序）、油饼粕饲料的粉碎、燕麦的压扁或压片，以及将颗粒配合饲料破碎成小碎粒。

对辊式粉碎机的结构类型有多种。按每台配置的辊数可分为单式和复式两种。单式粉碎机只有一对辊筒，复式则有两对辊筒。按辊筒的安装形式可分为辊筒倾斜排列和水平排列两种。倾斜排列的粉碎机，两辊筒的轴心连线与水平线呈20°～45°角。按自动化程度又可分人工操作的普通辊式粉碎机和液压或气压控制的自动辊式粉碎机。

对辊式粉碎机由铸铁机架、喂入辊、两个镍铬磨辊、清洁刷及其调节机构、传动机构等组成，如图3-11所示。上辊为快辊，用轴承固定安装；下辊为慢辊，同清洁刷调节机构相连，其轴承可移动以调节两辊的间隙（轧距），并装有减震器，以保证轧距的稳定。磨辊可根据用途制成各种齿辊（含光辊）。辊径、辊长、齿形及其规格对粉碎机工作性能有很大影响，均需由粉碎工艺要求而定。

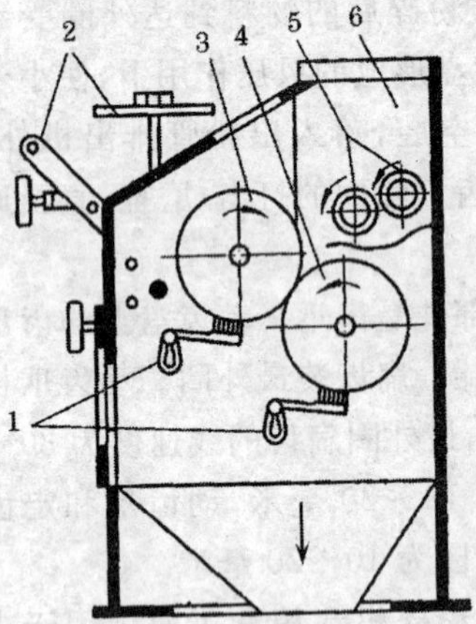

图 3-11　对辊式粉碎机

1. 清洁刷　2. 调节机构　3. 上辊
4. 下辊　5. 喂入辊　6. 喂入斗

对辊式粉碎机的工作过程：原料连续地从喂入斗进入，经喂入辊形成薄层，导向磨辊的工作间隙，原料在一对呈反向回转的磨辊之间，受到碾压、剪切、锯切、研磨的作用而被粉碎。粉碎后的物料落入下方排料口被排出机外。粉碎的粒度可根据需要调节两磨辊的间隙（轧距）即可。

与锤片式粉碎机相比，对辊式粉碎机的优点在于：

第一，生产率高，能耗低。由于两者粉碎原理不同（对辊式粉碎机主要是碾压、剪切、有支承粉碎），对辊式粉碎机的度电产品量较高。实验显示，锤片粉碎机的度电产量为 118 千克，而对辊式粉碎机可达 880 千克，加工成本，前者为后者的 4 倍多。

第二，粉尘少、粒度均匀、噪声小。辊外表面的线速度一般只有 8～9 米/秒，而锤片末端的达 80～90 米/秒，二者相差 10 倍。因此，前者不像后者易出现过度粉碎，产生大量微细粉末和大的噪声。实验表明，对辊式粉碎机的中粒和细粒分别占 90％、10％，而锤片式粉碎机则分别为 40％和 60％；对辊式粉碎机噪声为 75 分贝（A），而锤片式粉碎机一般在 90 分贝（A）以上。

第三,温升低,水分损失少。对辊式粉碎机的成品温升一般为1℃～2℃,水分损耗很少;而锤片式粉碎机的成品温升较大(5℃～10℃),水分损失较大(1.1%～1.5%),这些水分的蒸发均需从动力源摄取能量。

第四,调节和管理方便。对辊式粉碎机的轧距调节很方便,辊齿纹磨损后可再加工修复,而锤片式粉碎机需常更换锤片、筛片,且易损件一般不能修复。对辊式粉碎机的维修费用约为后者的50%以下。

三、配料计量

配料是按照畜、禽、鱼饲料配方要求,采用特定的配料装置,对多种不同品种的饲用原料进行准确投料及计量的过程。配料工艺是饲料生产过程中一个关键环节。配料装置的核心设备是配料秤。配料秤的好坏直接影响饲料的质量和饲料生产的效率。配料秤的性能一般包括正确性、灵敏性、稳定性和不变性。

配料装置根据工作原理可分为重量式和容积式;按其工作过程可分为连续式和分批式两种。目前饲料厂的配料装置主要是分批重量式的。

分批重量式配料装置是按照物料的重量进行分批配料称量的。一般以电子传感器阻值的变化或秤杆的平衡性变化来反映重量的变化,以重量的变化来控制物料的流量,达到称重目的。它的配料精度及自动化程度都比较高,对不同的物料具有较好的适应性;但其结构复杂,造价高,技术要求高。根据重量式配料装置感受重量方式的不同,有机械秤、字盘秤和电子秤三种形式。近年来,越来越多的饲料厂家采用电子秤。

(一)给 料 器

给料器是配料工作中一个不可缺少的组成部分，它对各种粒状或粉状物料进行强制性给料，它安装于配料仓与配料秤之间，是保证配料秤准确完成称量过程的一个主要机构。常见的给料器有螺旋给料器、电磁振动给料器和叶轮给料器等，其中尤以螺旋给料器的应用最为普遍。

1. 螺旋给料器　螺旋给料器能够得以广泛使用，是因为其结构简单、工作可靠、维修方便。

螺旋给料器主要由机壳、螺旋体、传动部件、进、出料口等部分组成。如图 3-12 所示。

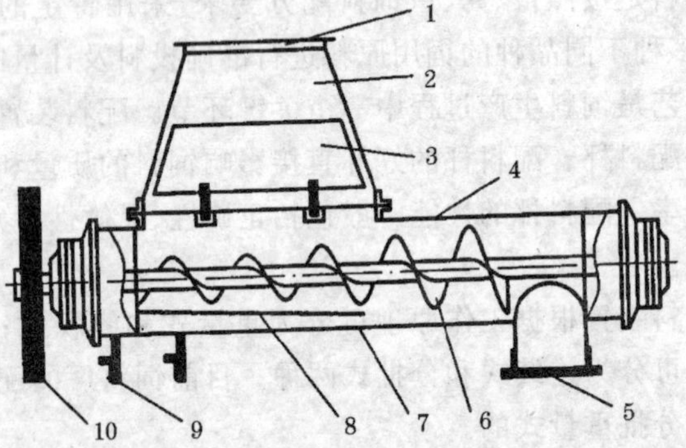

图 3-12　螺旋给料器

1. 进料口　2. 变形管　3. 减压板　4. 机壳　5. 出料口　6. 螺旋体　7. 检查口　8. 衬板　9. 电机座　10. 皮带轮

给料器的螺旋体可有 a、b、c、d 等几种结构形式，如图 3-13 所示。其中等螺距等直径螺旋制造方便、工作平稳、磨损均匀，但由于每段螺旋的空间相等，只有起段的螺旋空间能接

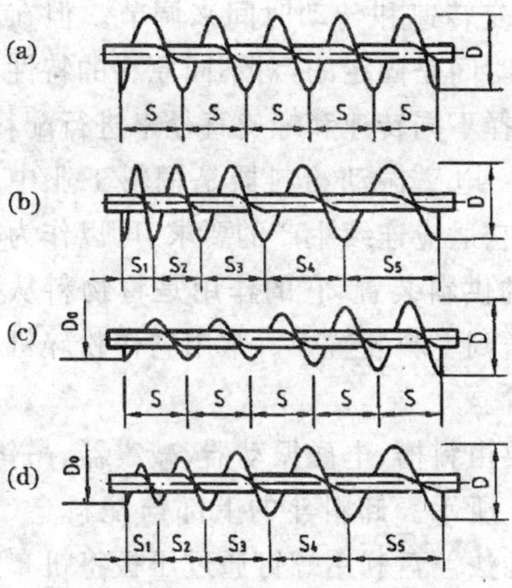

图 3-13　螺旋给料器结构形式

a. 等螺距等直径　b. 变螺距等直径

c. 等螺距变直径　d. 变螺距变直径

受料仓中落下的物料；而以后各段均只相应地传递前段螺旋送来的物料，致使沿进料口长度方向的其他各段螺旋上方物料都不能下落，形成“死区”，如图 3-14 所示。这种死区的存在，破坏了物料的整体流动，易引起结拱，影响配料精度。所以配料的给料器很少使用此型螺旋体。常采用变螺距或变直径或变螺距又变直径的螺旋体。变螺距变直径的螺旋体使用效果好，但结构复杂、制造困难，故用变螺距或变直径的螺旋体较多。为了避免物料流动太快太猛而使螺旋部分过载以至停转，在给料器上配有减压板，安装时依实际情况调整其倾斜度。

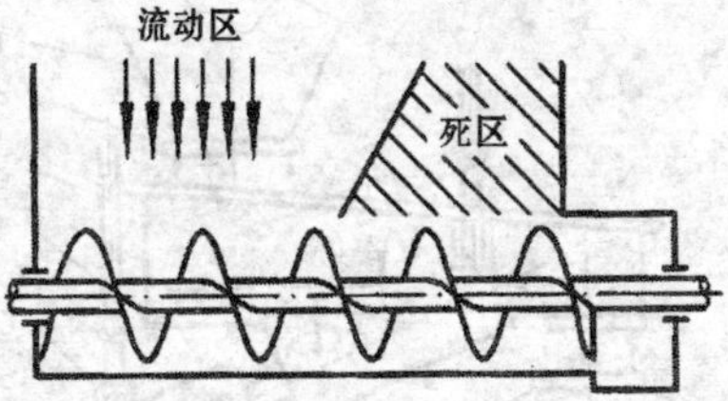

图 3-14　等螺距等直径螺旋给料器的工作状况

螺旋给料器的工作过程是：粉状原料由配料仓进入料斗，经转动着的螺旋叶片把粉料从进口处输送至出口，进入配料秤。输送量的大小，用改变转速和转动时间来调节。但在配料装置中，输送量和配料时间是固定的，对不同原料的特性及在配方中的配比，采用选择不同转速和螺旋直径来进行配料。

2. 电磁振动给料器 电磁振动给料器是饲料工业中应用较普遍的给料器之一，它适应连续生产的要求，可以作为非粘性的颗粒或粉状物料的供料装置，它的作用是将物料从贮料斗中定量均匀连续地送到受料装置中。常用它作粉碎机的供料和配料秤的给料装置。

电磁振动给料器主要由料槽、电磁振动器、减震器、吊钩、法兰盘等组成，如图 3-15 所示。卸料斗的上部与配料仓（或缓冲仓）相接，其底锥部的法兰盘利用螺钉通过压板将帆布筒夹紧，帆布筒的底端用同样方法与料槽连接。电磁振动器安装在料槽的底腰部，料槽的出料口处利用压板将帆布筒固定在料槽和秤斗的法兰盘上。四组减震器安装在吊架上，利用吊钩将振动给料器吊在预先设置的固定架上。

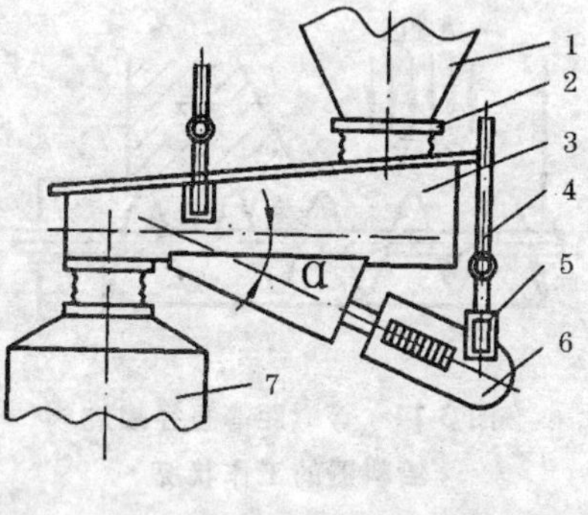

图 3-15 电磁振动给料器

1. 卸料斗 2. 法兰盘 3. 料槽 4. 吊钩 5. 减震器 6. 电磁振动器 7. 秤斗

电磁振动给料器的给料，是利用电磁振动器驱动料槽，沿倾斜方向（与槽体底平面成一定角度的方向）作周期性的往复振动来实现的。当槽体振动加速度的垂直分量大于重力加速度时，槽中的物料被连续地抛起，并按照抛物线的轨迹向前跳跃运动。由于槽体振动的频率较高，而振幅很小，因此物料被抛起的高度也很小，只能观察到物料在料槽中向前流动。振动的频率越高，电磁振动给料器的给料量就越大。所以，调节振动频率即可调节给料量。

3. 叶轮给料器 叶轮给料器（用于密封又称关风器）主要由叶轮和圆筒外壳组成，如图 3-16 所示。外壳的上口接料仓底部的排料口，下接配料秤入口。主要用于料仓出口与配料秤入口中心距离较小、空间位置有限的场合。它具有体积小、重量轻、便于悬挂吊装，操作简便的特点。为了便于观察，可在给料器上装一段玻璃管。

叶轮给料器工作时，叶轮回转，叶轮上的凹槽在上方接收饲料，转到下方时排料。叶轮与外壳的间隙很小，因此可以上下隔绝，避免空气流通。叶轮给料器的排料是不连续的。当严格要求连续排料时，可将叶片做成轴向倾斜状，使物料连续下落。

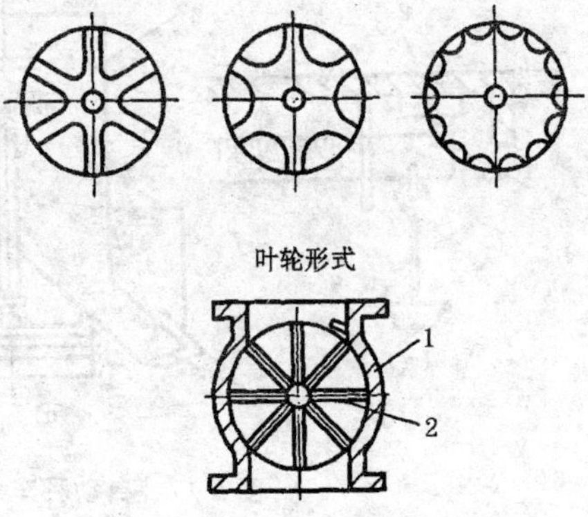

图 3-16 叶轮给料器

1. 壳体　2. 叶轮

叶轮的转速不能太高，因为超过一定的转速，物料落下速度相对比叶片的圆周速度慢得多，使物料不能充分进入叶片之间，排料量反而降低和不稳定。

(二)常用配料秤

1. 自动秤车 结构如图 3-17 所示。多用于中、小型配合饲料厂。它是在普通磅秤上装上带有卸料门的料箱,在秤车秤杆前的秤架上加装微动开关,连接到控制电路中。每一配料仓配用一台自动秤车,当某一秤达到额定秤量后触点相碰,通过电路控制使这个配料仓停止给料。当所有秤车称量完毕后,由控制台发出指令,将卸料门打开排出饲料,然后再进行下一周期的工作。在各秤车卸料门下面常设有螺旋输送器,以便将配好的饲料输入混合机进行混合。

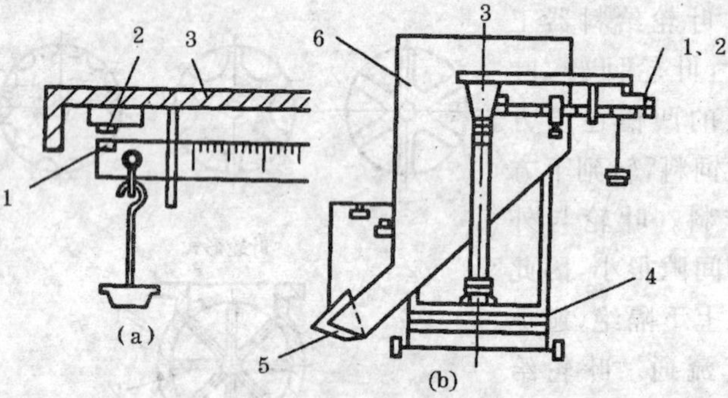

图 3-17 自动秤车

(a) 无触点开关 (b) 自动秤车

1. 衔铁 2. 无触点开关 3. 秤架 4. 磅秤 5. 卸料活门 6. 料箱

2. 电子秤 是由一定数量的测力传感器和信号放大器及指示系统组成。它可以自动测量显示,还可以输送信号给一定装置,实现自动控制。电子秤的优点是结构轻便,便于自动化,精确度达 1%,缺点是价格昂贵。电子秤适用于大型饲料加工厂。

电子秤的结构如图 3-18 所示。它包括给料器、秤斗、称重传感器、气控系统、控制柜和卸料活门等。

工作时，螺旋给料器启动，将配料仓内的一种饲料喂入秤斗，当秤斗充满到所需分量时，传感器输出信号，通过微动开关使螺旋给料器停止工作而启动下一个螺旋给料器工作，直至这一批不同分量的饲料加料完毕。之后信号发向液压控制系统，打开了卸料活门卸料。卸空后仪表输出信号，使卸料活门关闭，并使螺旋给料器工作，又开始第二批称重工作。

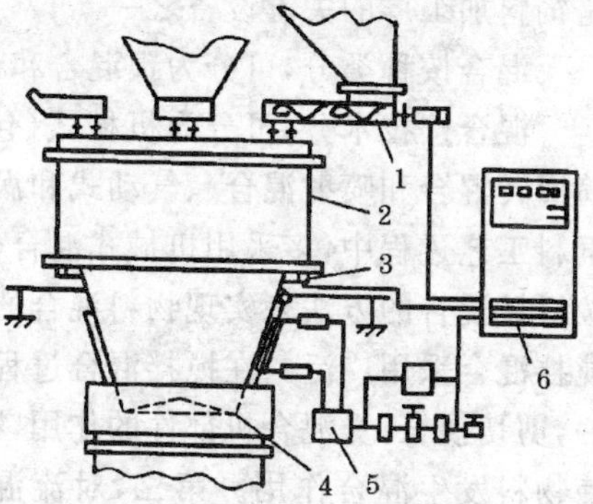

图 3-18 电子秤

1. 螺旋给料器 2. 秤斗 3. 称重传感器 4. 卸料活门 5. 气控系统 6. 控制柜

四、饲料混合

各种饲料，需按一定的比例进行配料，然后进行混合。混合是将配合的各种物料在外力作用下相互掺合，使各种饲料能均匀地分布，尤其对用量很少的微量元素、药剂和矿物质等更要求分布均匀。配合饲料中的各种饲料组分如果混合不均匀，将显著影响畜、禽的生长发育，轻者降低饲养效果，重者可造成畜、禽的死亡。因此在配合饲料加工厂和畜牧场饲料加工中，饲料混合是生产配合饲料和混合饲料的关键工序，也是确保配合饲料质量和提高饲料效果的重要环节。同时，在饲料加工中,混合机的生产率决定工厂的规模。因此,混合机也是饲料加工厂的关键设备之一。

混合按种类分,可分为预混合和最后阶段混合。

混合按技术分,可分为机械式(包括搅拌混合、回转混合筒回转混合和喷射混合)、气动式和涡流式或冲动式。在生产饲料工艺过程中,多采用机械式混合(以下所讲的混合机均为按机械混合的方法来实现物料混合的),在机械式混合中尤以搅拌混合采用广泛。在搅拌混合过程中,主要有五种方式:第一,剪切混合:受混合机部件的作用,物料中彼此形成剪切面,使物料发生混合作用。第二,对流混合:受混合机部件的作用,成群的物料颗粒从混合机的一处移向另一处,而另一处的物料则以相反方向移动,作相对流动。这两股物料流在对流中相互渗透变位而进行混合。对流混合效果好,需要的混合时间短。第三,扩散混合:混合物料的颗粒,以单个粒子为单元向四周移动,类似气体、液体中的分子扩散过程。它是无规则运动,特别是微粒物料在振动下或流化状态时,扩散作用极为明显。第四,冲击混合:在物料与壁壳碰撞的作用下,造成数个物料颗粒分散。第五,粉碎混合:物料颗粒在变形和搓碎过程中混合。五种混合方式在每一混合过程中同时存在,起主要作用的是前三者。

混合按工序来分,可分为分批混合和连续混合两种。分批混合就是将各种饲料根据配方的比例配成一定数量的一个批量,将该批量饲料送入混合机内进行混合,产生一个批量的混合料。另一种是连续混合,连续混合就是将各种饲料分别连续计量,连续地送入混合机内进行混合,它的进料和出料都是连续的。分批混合设备常用的是卧式混合机和立式混合机;连续混合设备用的是桨叶式连续混合机。分批式混合机混合质量较好，易于控制，应用广泛。连续式混合机在饲料行业中应用越来越少。

研究表明，当物料已充分混合后，若再延长混合过程，就有分离倾向，使混合的均匀度反而降低，这种现象称为过度混合。当物料混合愈充分，则分离的潜在性愈大。所以应该在达到最佳混合之前，将物料从混合机内排出，否则将会在以后的输送过程中出现分离现象。

（一）卧式混合机

卧式混合机的结构如图 3-19 所示。主要由机体、主轴、内螺旋带、外螺旋带、传动部分和控制部分组成。机壳常呈 U 型槽状。进料口在机体顶部，分圆形、矩形两种。内螺旋带和外螺旋带，分别为左旋和右旋。内外螺带和卸料口的排列方式有两种，一种是外螺旋带将物料从两端向中间推运，

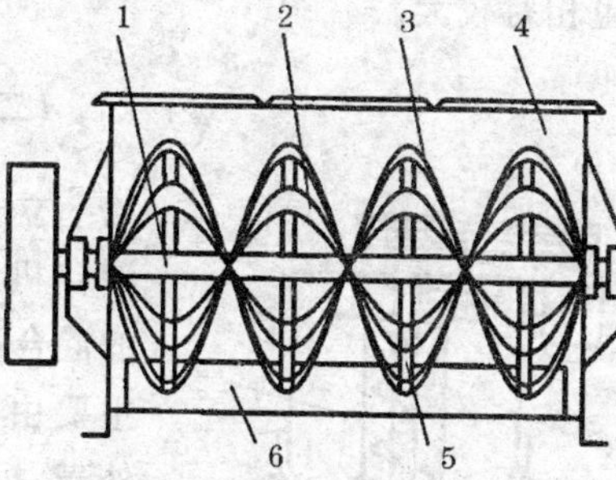

图 3-19 卧式混合机

1. 主轴 2. 内螺带 3. 外螺带
4. 机壳 5. 叶片连接杆 6. 卸料活门

内螺旋带将物料从中间向两端推运，卸料口安置在中部；另一种是外螺带将物料由一端向另一端推送搅拌，而内螺带推送方向相反，卸料口设在外螺带推送物料的末端。外螺带外径与机壳壁的间隙一般为 5～10 毫米，有的小至 2 毫米，此间隙愈小则愈有利于减少机内物料残量。有些混合机可利用增减轴承座垫片的方法来调整螺带与壳壁的底部间隙，使其符合

要求。

工作时，槽内饲料受内、外螺旋带的推动，外层和中心层的饲料作相反方向的移动，彼此产生翻滚、剪切和对流作用，如此不断反复，使饲料均匀混合。饲料混合好后，利用手动、气动或电动的构件开启卸料活门，将饲料通过卸料口卸出。混合时间一般为 3～5 分钟。大中型混合机的工作过程常和配料计量过程一起实行自动控制。

卧式螺带混合机的优点是混合效率高，混合质量好，卸料迅速，残留量少，故目前被配合饲料厂广泛采用。缺点是动力消耗大，每吨容量需配 12～15 千瓦电动机，传动复杂，占地面积也相对较大。

(二)立式混合机

立式混合机又称垂直螺旋式混合机。适用于粉状配合饲料的混合。其结构如图 3-20 所示，主要由受料斗、垂直螺旋、螺旋外壳、机壳、卸料活门、支架和电动机传动部分组成。机壳由上下两部分组成，上部为圆柱部分，主要用来容纳物料，下部为圆锥部分用来集中物料。锥形部分母线与水平面的倾角不小于 60℃，否则饲料不便流动而影响混合质量。机壳正中有垂直安装的螺旋，用来在壳体内连续提升物料。螺旋形状有圆柱形

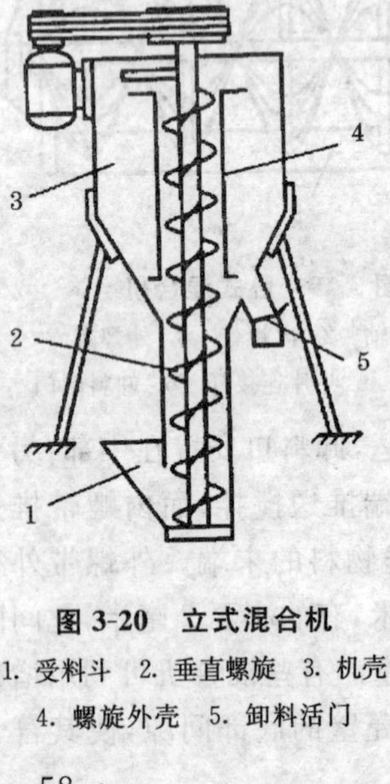

图 3-20 立式混合机

1. 受料斗 2. 垂直螺旋 3. 机壳 4. 螺旋外壳 5. 卸料活门

和圆锥形两种，为了制造方便，多采用等直径的螺旋。传动装置设在机壳圆柱部分的顶部，由三角皮带轮或锥齿传动，机架由三个支脚支撑。为使垂直螺旋有效地提升和提高输送效率（在一定时间内增加物料循环次数），螺旋应采用较高转速，一般为 200～400 转/分。

工作时将已计量好的各种粉料依次倒入受料斗内，由垂直螺旋将粉料垂直向上运送，到螺旋顶部后，通过拨料板抛出，在垂直螺旋外壳和圆筒之间下落，落到锥形部分的底部又被垂直螺旋向上提升，这样经过多次反复循环，能获得混合均匀的饲料。搅拌完毕，打开卸料活门，将混合料排出。手工操作时，出料口的高度应适合袋装的要求。出料闸门可手动，也可用脚踏拉杆的型式。

立式混合机的优点是配套动力小，占用面积小，可与其他设备配套使用，也可单机使用。缺点是立式混合机由于主要是利用扩散原理，靠垂直螺旋循环输送抛散物料而进行混合，故混合时间较长，一般一批饲料的混合时间为 15～20 分钟，生产效率低。混合质量也较卧式螺旋带混合机差，变异系数 VC 可达到 10％。卸料后机内残留物料较多，如果经常更换配方，将造成物料污染。所以该机型一般用于小型畜牧场饲料加工机组或加工车间的干粉料混合。

五、饲料成形

饲料成形是饲料加工的重要组成部分，它可以将干草粉、粉状配合饲料、秸秆或干草碎段等制成颗粒或饼状的饲料。成形饲料虽然要求的成形工艺条件较高，设备复杂，费用高，同时对维生素有破坏作用，但是颗粒饲料比粉状饲料体积缩小了1/2～2/3，便于贮藏、包装和运输；另外颗粒饲料营养均匀，避免了畜、禽挑食，也避免了贮存及运输过程中的自动分级，同时也改善了饲料的适口性；由于淀粉变化，纤维素及脂肪的结构变化，提高了营养素的可消化性，提高了饲料的利用率，例如，颗粒饲料可提高鸡的产蛋率15%～20%，猪的平均昼夜增重提高10%～14%，喂鱼的饲料系数在2.5以下。因此，颗粒饲料生产发展迅速，约占世界配合饲料总产量的60%。

制粒主要方法有凝聚制粒、挤压制粒、压缩制粒、破碎制粒、喷射制粒。在饲料工业中使用较多的是挤压制粒和压缩制粒。

制粒机按成形原理划分，主要有挤出式和压缩式。

制粒机按结构特征分类主要有5种。①柱塞式：主要工作部件是柱塞冲模。②螺杆式：主要工作部件是旋转螺杆。③环模式：主要工作部件是环形压模和压辊。④平模式：主要部件是平形压模和压辊。⑤双辊式：主要工作部件是一对反向、等速旋转的压辊。制粒机按产品形式分类主要有4种。①硬粒制粒机：颗粒饲料具有较高的硬度和密度。②膨化制粒机：颗粒饲料内部具有很多小孔、容量小。③微粒制粒机：颗粒饲料粒度在1毫米以下。④压块机：颗粒饲料的横截面积大于25平方厘米。

(一)制粒机

目前我国应用最广泛的硬颗粒机是环模制粒机和平模制粒机两种。

1. 环模制粒机 环模制粒机又称环模压粒机，按其环模配置的不同有立式和卧式之分，立式环模制粒机主轴是垂直的，而环模圈呈水平配置，卧式环模制粒机主轴是水平的，而环模圈呈垂直配置。一般小型环模制粒机用立式，而中型和大型环模制粒机用卧式较多。

卧式环模制粒机的结构如图 3-21 所示，主要由供料螺旋、搅拌调质机构和制粒部分组成，它们都由单独电机来驱动。供料螺旋起送料作用，送料量的控制有改变螺旋的转速和控制出料闸门开度两种方法。搅拌调质机构由可调节角度的搅拌杆组成，搅拌杆按螺旋线排列起搅拌和推运饲料的作用。在搅拌室的侧壁装有供应蒸汽和糖浆或油脂的喷嘴，使喷出的蒸汽、浆液和粉料混合，然后送入压粒室压粒。加蒸汽的目的是增加饲料的温度和湿度，这样有利于压粒，提高生产率，而且能减少压模圈的磨损。压粒室的主要工作部件是压模圈和压辊（图 3-22）。压模圈的周围钻有许多孔，在压模圈内装有一对压辊，压辊装在一个不动的支架上，压辊能随压模圈的转动而自转。压辊与压模圈之间保持很小的间隙，压模圈外固定有切刀，一个压辊配一把。

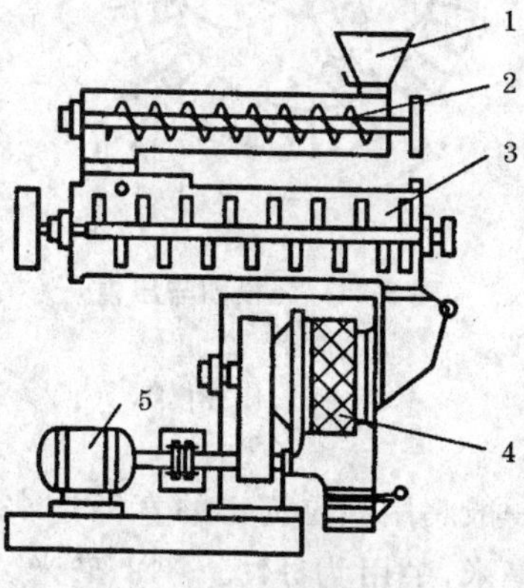

图 3-21　卧式环模制粒机

1. 料斗　2. 螺旋供料器　3. 搅拌调质器　4. 制粒器　5. 电动机

工作时，已配合好的粉状物料由料斗进入供料器，然后均匀连续地送入搅拌器，为减少压粒时的动力消耗，粉料在搅拌器内要润水或者加浆液或者是喷入 3～4 千克/厘米^2 压力的蒸汽。搅拌器一边进行搅拌，使原料均匀受热和润湿，一边向

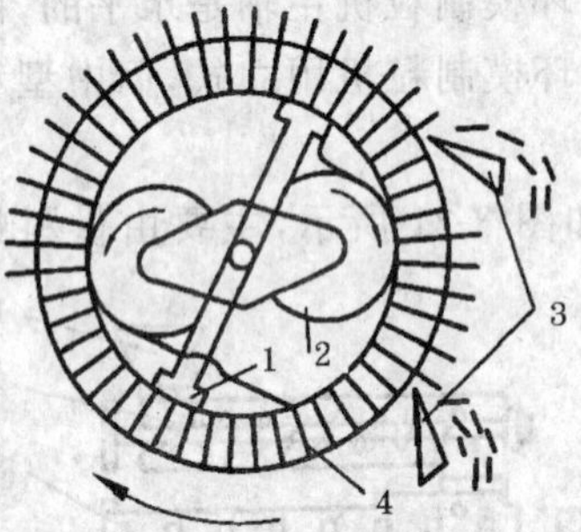

图 3-22　压模圈与压辊

1. 分配器　2. 压辊

3. 切刀　4. 压模圈

压模圈输送物料。压模圈由驱动轴驱动作等速顺时针回转，进入压模圈的饲料，被转动着的压模圈带入压辊和压模之间，饲料被两个相对旋转件逐渐挤压，通过压模孔向外挤压，形成柱状的饲料随压模圈旋转，再由固定不动的切刀将其切成一定长度的颗粒饲料。

可以用更换不同孔径的压模圈来改变颗粒的直径。一般鸡用颗粒饲料的直径是 ϕ3.2 毫米，猪用为 ϕ3.5～ϕ5.5 毫米，牛用为 ϕ4.5～ϕ8 毫米。压模圈的标准模孔直径有 ϕ3.2 毫米、ϕ4.5 毫米和 ϕ6.8 毫米三种规格。为了节省动力、提高产量，加工鸡用颗粒料时常用 ϕ4.5 毫米或 ϕ6.8 毫米的模孔加工，然后用破碎机进行破碎，用分级筛筛分。颗粒料的长度通常是其直径的 1.5～2 倍。

压模圈是制粒机最重要的工作部件，国产的使用寿命较低，一般仅为 1 000～2 000 小时。因此使用制粒机时应注意：第一，新压模圈要试运转 1～2 个班次，试运转的材料是含油率较高的粉料。第二，在压粒机之前安置磁选设备，严防铁石物质损伤压模圈。第三，严禁压粒机无料空转。长期停用时，要用含油粉质或锯末填充压模孔。第四，压辊和压模之间保持合理间隙。

2. 平模制粒机　平模制粒机有动辊式、动模式及辊模双动式三种，其中动辊式平模制粒机较为常用。动辊式平模制粒机的结构简单、制造成本低，调节方便，易于挤压成形，原料粒度适用范围广。由于平模固定不动，粉料不会自己向外端移动，故平模表面磨损较均匀。平模可以两面使用，提高了压模的使用寿命。压辊由主传动装置传动而公转，又因与平模上物料接触而自转，具有强制性碾压作用，能压制出质量好的颗粒。但平模上不同直径处的线速度不同，加上物料在平模上难以分布均匀，从而使压辊磨损不匀和机器振动。

平模制粒机的结构如图 3-23 所示，由供料调质、压粒、出料及传动等部分组成。供料调质部分由料斗、闸门、输送螺旋、调质螺旋等组成，供料螺旋和调质螺旋皆由电动机通过链条传动带动旋转。压粒部分由分料器、导料板、压辊和平模等组成，平模按模孔直径有不同的规格，可根据要求的颗粒直径来更换。出料部分由切刀和旋转的出料盘组成，用来切料并排出颗粒。

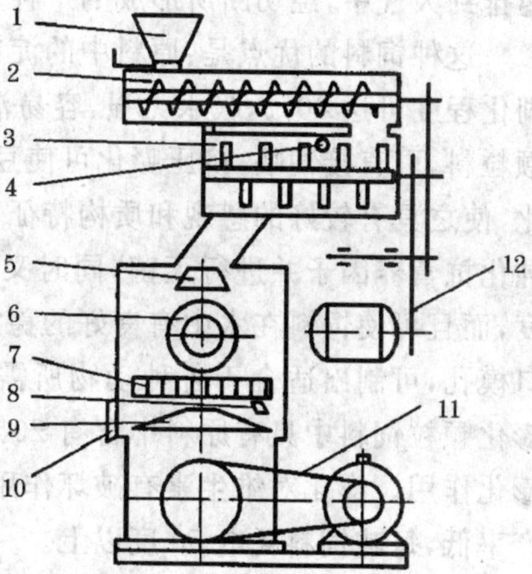

图 3-23 平模制粒机

1. 料斗 2. 供料器 3. 调质器 4. 蒸汽进口 5. 分料器 6. 压辊 7. 平模 8. 切刀 9. 旋转出料盘 10. 出料口 11. 三角带 12. 链条传动

平模制粒机工作时，干粉料经料斗进入供料螺旋，并由其送入搅拌调质器，与喷入的热水或蒸汽充分混合调质，然后进入压粒室。旋转的分料器将粉料均匀地撒布于固定的平模表面,然后被旋转的压辊挤压于固定的平模表面。粉料被旋转的压辊挤压入平模的模孔,挤出成形的饲料被与主轴同步旋转的切刀切断成要求的长度,最后经旋转出料盘沿切向从出料口排出。

(二)饲料膨化机

膨化饲料是将含有一定淀粉和水分的颗粒或粉状物料通过挤压膨化机的加湿、加温和加压处理后,使淀粉糊化,并迅速排到大气中,经切断所形成的一种多孔质颗粒饲料。

这种饲料的优点是:原料中的淀粉经加热、加水和加压后糊化程度可达90%,吸水力强,容易消化;制品是干燥的膨胀颗粒料,可直接饲喂;挤压膨化可使豆类等植物性蛋白质组织化,使之具有较好的感观和质构特征;高温短时的挤压加工可钝化抗营养因子并进行灭菌,同时又使营养损失达到最低限度,而且可使饲料在水中有良好的稳定性;更换不同形状的出口模孔,可制出适合于各种动物所需要的制品形状。缺点是膨化颗粒饲料中只有原料中含有20%以上的淀粉,才能起到膨化作用。膨化对维生素有破坏作用,此外加工电耗较大,生产率低,每吨饲料耗电50度以上。

膨化饲料的机型通常可以分为单螺杆和双螺杆两种,单螺杆挤压膨化机的结构如图3-24所示。它主要由进料装置、调质器、挤压糊化装置、成形模板与切刀装置、参数检测与控制系统及驱动动力等部分组成。具有一定淀粉含量的粉粒状原料由进料装置均匀地送入调质器,在调质器内继续混合、加热,并通过注入热水或蒸汽以增加水分。向饲料中加入水和蒸汽的混合物并延长其在调质器内的停留时间,可使饲料维持最佳的含水率。调质后的物料送入挤压腔内,由于挤压螺杆通常设计为变径和变螺距结构，形成挤压腔的容积沿物料前进方向逐渐变小，可使物料在随螺杆回转的过程中，所受到的挤压力逐步增大。在挤压腔内的剪切、揉和、摩擦加热等作用使物料温度急剧升高，物料中淀粉产生糊化。物料从挤压模孔喷出的瞬间，压强骤降至常压，高压水分迅速变成过热蒸汽并增大体积，使物料体积迅速膨胀，温度的骤降使糊化的淀粉随即凝结，水蒸气的快速散发，造成物料水分含量降低，使凝结的胶状物料中留下许多微孔，形成膨化物。然后用切刀切成需要的长度，再进行冷却、烘干、喷涂油脂等工序，即为成品。

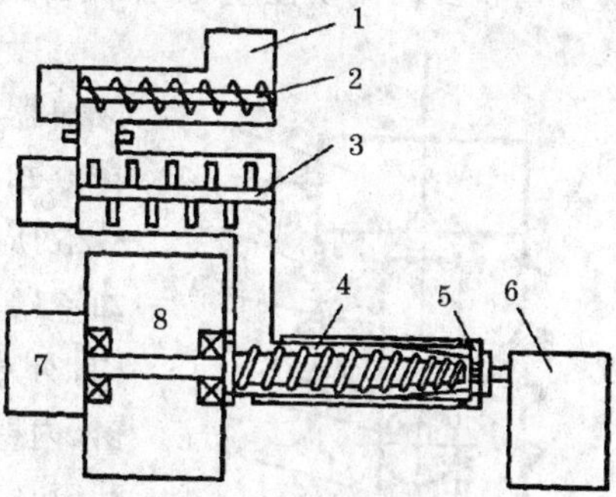

图 3-24　单螺杆挤压膨化机

1. 进料口　2. 喂料器　3. 蒸煮调质器
4. 膨化器　5. 挤压模　6. 切断器
7. 电动机　8. 减速器

(三)冷 却 器

制粒机压出的颗粒饲料，温度为 75℃～85℃，含水量为 14%～15%，这种状态的颗粒易碎，也不宜立即贮运，需用冷却器将其迅速冷却干燥。冷却器有立式和卧式两种。选用冷却器时须考虑：立式冷却器造价低，动力消耗相对较少，占地面积小，缺点是易出碎粒，冷却不均匀，要求厂房高大，适用于小直径颗粒冷却。卧式冷却器要求高度低，但占地面积大，适用于冷却易碎颗粒饲料和块状饲料；另外若颗粒表面糖蜜、脂肪含量较多而流动性差时，采用卧式为好。

1. 立式冷却器 又称重力冷却器。饲料依靠自身的重力在冷却器内流动。其结构如图3-25所示。它主要有料位器、冷却室等组成。冷却室是夹层结构，外壁上装有可转动的百叶窗，内壁由钢丝编织筛组成。百叶窗在有料时开启，无料时自动关闭。工作时，物料从加料斗进入冷却器两侧的冷却室，在物料的作用下，铰接在冷却器外表的百叶窗式吸风门打开，在冷却器内吸风机的负压作用下，冷却空气由百叶窗吸风门吸入，横穿流动物料的夹层，透过内筛进入吸风管道，把物料上的热量带走，使之冷却。冷却的物料通过下部的出料口排出。

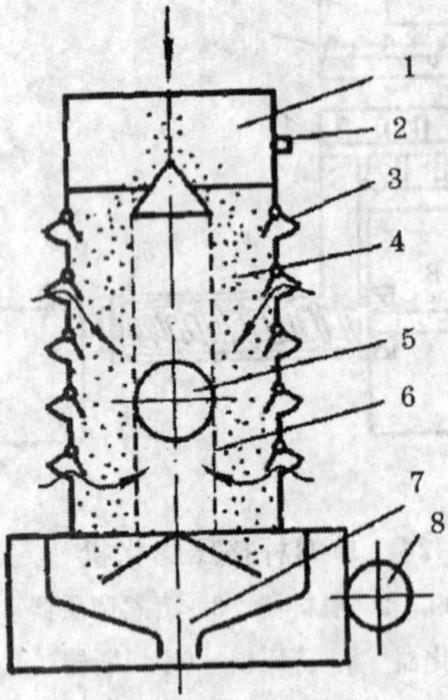

图 3-25 立式冷却器

1. 进料口 2. 料位器 3. 进风口 4. 冷却室 5. 出风口 6. 过滤网 7. 出料口 8. 电动机

2. 卧式冷却器 又称输送筛式冷却器。有单层和双层两种。双层卧式冷却器的结构如图3-26所示。颗粒饲料从进料口落在输送筛板上，随着输送机运动，运送到第一层末端，然后颗粒料转向第二层输送机上，随之被运送到出料口卸下。与此同时冷却空气从底部进入，向上穿过移动的物料，带走颗粒料中的热量，被风机抽走，使颗粒料冷却。

进料时，要求颗粒均匀分布在整个筛板上，以便气流均匀地穿过颗粒层，从而取得均匀地冷却效果。输送机一般配有无级调速机构，因为冷却器的产量必须与制粒机的产量相匹配，制粒机压制大直径颗粒饲料时产量大，压制小直径颗粒饲料时产量小，要取得相同的冷却效果，必须相应地改变冷却器输送机的速度。冷却筛板有两种作用，它是物料的承载件，又是气流的主要通道，为了提高冷却效果，增大气流与物料的接触几率，筛板需要有较高开孔率，以便气流通过。

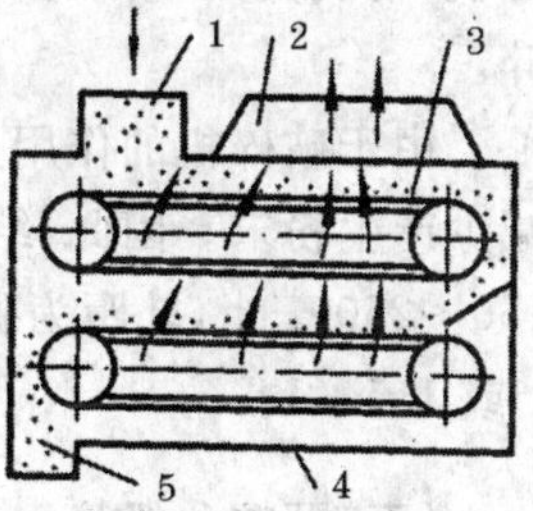

图 3-26　卧式冷却器

1. 进料口　2. 出风口　3. 输送机　4. 进风口　5. 出料口

（四）颗粒破碎机

一些大的饲料厂（5 吨/小时以上），常配颗粒破碎机，将冷却后的较大颗粒饲料破碎成较小的碎粒。其目的一是满足幼小禽畜的喂饲需要，二是制作小颗粒饲料能耗大，产量低，难于成形。

颗粒破碎机多采用辊式破碎机，结构如图 3-27 所示，与对辊粉碎机相似。它由轴承固定的快辊、可调节的慢辊、轧距调节机构、喂料装置、传动系统等组成。工作时，经冷却干燥后的较大颗粒从料斗进入快、慢辊之间，经轧辊的剪切、挤压等作用破碎成较小碎粒，从出口排出。若颗粒不需要破碎，可调节翻板，使颗粒从慢辊旁侧通过。对配有气动松紧轧辊机构的颗粒破

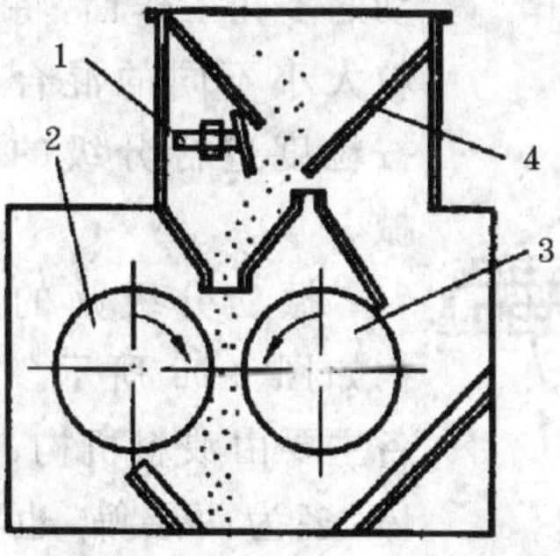

图 3-27　颗粒破碎机

1. 压力门　2. 快辊　3. 慢辊　4. 翻板

碎机,可调大两辊间距,让颗粒直接通过颗粒破碎机而不破碎。

由于破碎机的作用是将较大颗粒破碎成小碎粒,并尽量减少产生粉末。因此,结构上与磨粉机有所不同,轧辊直径为150～250 毫米,轧距为颗粒直径的 2/3,快慢辊速比为1.25∶1 或 1.5∶1。

(五)颗粒分级筛

冷却后或破碎后的颗粒,需经颗粒分级筛选取合格的成品,不合格的大颗粒再经破碎制成合格的颗粒,不合格的小颗粒和粉末筛理出来,返回重新制粒。

颗粒分级筛的结构形式主要有:振动式和摇动式两种。

1. 振动分级筛 振动分级筛是利用振动的多孔工作面,将颗粒大小不同的混合物按粒度进行分级的机械。

振动分级筛的结构如图 3-28 所示。设备主要由喂料机构、筛体(多为两层筛,也有三层筛的)、振动机构及机架组成。物料由进料口进入,经缓冲匀

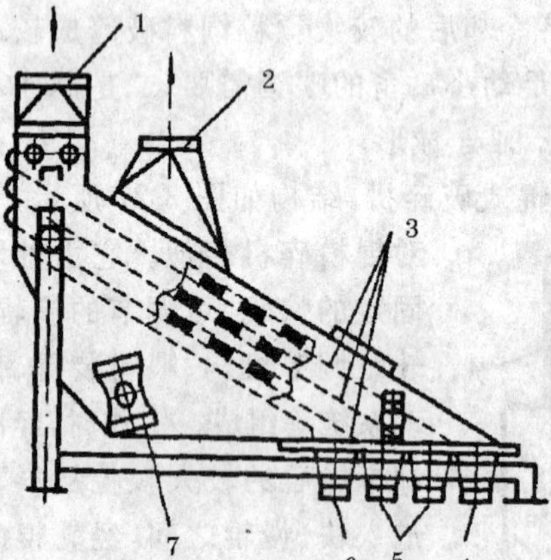

图 3-28 振动分级筛

1. 进料口 2. 吸风口 3. 筛网
4. 大颗粒出口 5. 两种合格产品出口
6. 粉末出口 7. 振动器

料后进入非常快速振动的筛体的第一层筛面，筛出大颗粒，剩余物料穿过第一层筛面，进入第二层筛面、第三层筛面，合格产品从第二层筛面和第三层筛面上流出，穿过第三层筛面的小颗粒和粉末为不合格品。

2. 平面回转筛　平面回转筛为摇动式分级筛，它前、中、后部位的运动轨迹分别是圆、椭圆和往复直线运动。物料从宽度方向的一侧到另一侧，从长度方向的一端到另一端运动的同时，沿着倾斜筛面从进料口移到出料口进行筛分。平面回转筛的特点是振动小，噪声低，筛面能及时清理，因而筛分效率高，产量大，功耗小。

平面回转筛的结构如图 3-29 所示。主要有机架、驱动装置、筛船、滑动支承等部件组成。

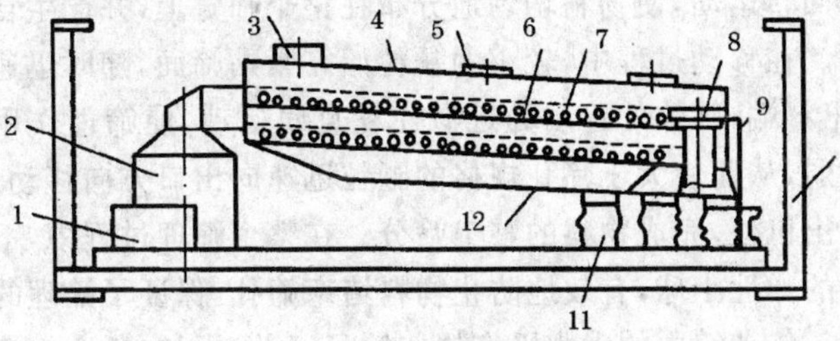

图 3-29 平面回转筛

1. 电机　2. 传动箱　3. 进料口　4. 顶盖　5. 观察孔　6. 筛框
7. 橡皮球　8. 滑动支承　9. 吊索　10. 机架　11. 出料管　12. 筛船

(1)驱动装置　该机型的驱动装置包括电机和传动箱。电机通过三角带驱动主传动箱中的螺旋锥齿轮的旋转轴，再带动与从动螺旋齿轮连接一体的偏心轴旋转，从而实现筛船前部的回转运动。传动箱由箱体、主动轴、偏心轴，一对啮合的主、从动锥齿轮及主、辅平衡块等零件组成。

(2)筛船　筛船由顶盖、筛体和上、下筛框及压紧机构组成。筛体由钢板焊接而成，它与顶盖形成一个封闭的结构，物料在筛体内得到充分的分级。筛框由木质框架和固定在木质框上的编织网以及用以清理的橡皮球组成。

倾角为4°的筛体由传动箱驱动，其运动轨迹在进料端为水平圆运动，在长度方向上逐渐变成椭圆运动，最后在出料端变成近似往复直线运动。

(3)滑动半球支承　滑动半球位于筛船出料端的两侧，起支承筛船的作用，并使筛船在滑动半球上前后滑动。支承由半球、半球承窝构成。半球由碳、石墨材料压成，工作中无须添加润滑剂，具有自润滑作用。

工作时，物料由进料口进入，在传动箱的作用下，筛体前部作回转运动，使物料均匀地分布在整个筛宽上，并产生自动分级。在移动过程中，较小的颗粒始终紧贴筛面，随时迅速过筛；出料端，筛体的运动为近似往复直线运动，使筛理作用逐渐减弱，从而使大于筛孔规格的颗粒迅速向出口方向移动，直到排出机外，完成物料的整个筛分。在整个筛理过程中，不断跳动的弹性小球，有效地防止物料堵塞筛孔，保证了筛理的高效率。传动箱中的大小平衡块使筛子运动过程中各个方向上的惯性力都得以平衡，从而保证了筛子运动的平稳性。

六、饲料输送及包装设备

(一)饲料输送设备

在饲料加工厂中从原料进厂到成品出厂以及各工序之间的物料输送，都需要通过各种输送机械来完成。合理地选择输送机械，对实现生产连续性，提高生产率，减轻劳动强度有重要意义。

饲料加工厂中常用的输送设备有斗式提升机、刮板输送机、螺旋输送机、带式输送机等。

1. 斗式提升机 是专门用于连续垂直输送散料到所要求的高度的设备。它广泛应用于饲料、粮食等加工厂。

斗式提升机的种类，按安装形式可分移动式和固定式；以畚斗深浅可分为深型、浅型；按有无畚斗底又分为有底型和无底型；以牵引构件的不同可分为链式和带式；以提升管外形分为方形和圆形；按料斗装料方式的不同可分为舀取式和撒入式；按卸料方式的不同可分为离心式、重力式和混合式。

斗式提升机的优点是垂直方向输送物料，占地很小，提升物料稳定，提升高度大和输送量大；能在全封闭罩壳内进行工作，不易扬尘污染环境。与气力输送相比，适应性强、省电，其能耗仅为气力输送的1/10～1/5。其缺点主要是输送物料的种类受到限制，只适用于散粒物料和碎块物料；混杂物多或湿度大的物料，卸料不净；过载敏感性大，容易堵塞，必须均匀给料。

斗式提升机的结构如图3-30所示。主要有牵引带，传动轮，机壳，张紧装置，装、卸料口等部件组成。斗式提升机是牵引构件环绕于上端机头驱动轮和下端机座的张紧轮在提升管中进行运转，在牵引构件上每隔一定距离用螺钉连接着许多装盛物料的畚斗。电动机通过传动机构来驱动驱动轮轴转动，从而带动牵引构件运动，机座上的张紧机构(可调)保持牵引构件的张紧状态。工作时，物料由进料口均匀地被舀取到畚斗中，然后垂直上升，当畚斗被提升到顶部绕过驱动轮时，物料被倾倒出来，从出料口流入要求的容器或下一工序的设备中。

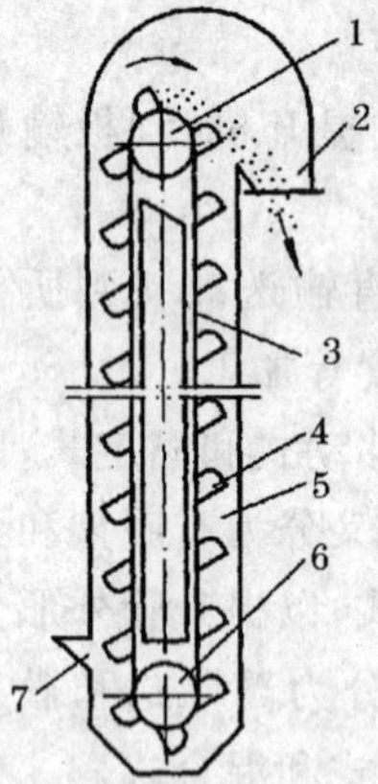

图 3-30　斗式提升机

1. 驱动轮　2. 卸料口
3. 提升带(或链)　4. 畚斗
5. 提升管　6. 张紧轮
7. 进料口

2. 螺旋输送机　又称“绞龙”。它是一种利用螺旋叶片的旋转运动推动散粒物料沿着料槽移动的输送机械。螺旋输送机可以固定使用,也可以制成移动式。可以用于短距离的水平输送、倾斜输送及垂直输送。水平输送距离一般不超过15米。螺旋输送机对物料的适应性较强,结构简单紧凑,占地位置小,可以安装在天花板上或者地面上,工作可靠,维修方便;机动性好,可以在机体任何一处装卸物料,输送方向可逆;有搅拌混合物料的作用;密封性良好,灰尘较少,适用粒状和粉状的各种原料、中间产品和成品的输送。缺点是叶片和机壳较易磨损,动力消耗较大,对物料有破碎作用,不宜输送有机杂质含量多、表面过分粗糙、颗粒大及磨损性强的物料。对过载反应敏感,进料要求均匀。

水平螺旋输送机的结构如图 3-31 所示。主要由螺旋轴、螺旋叶片、机壳、端轴承、中间轴承等组成。

工作时,叶片在槽内旋转,使加入料槽的物料由于本身重力及对料槽的摩擦力的作用,沿着料槽向前移动,完成水平输送任务。对高倾角和垂直螺旋输送,物料是靠离心力和对槽壁所产生的摩擦力而向上运移,完成倾斜或垂直输送任务。

3. 刮板输送机　是一种利用装有牵引构件(链条或橡胶带)的刮板,沿着固定的料槽拖带物料前进并在开口处卸料的输送设备。由于工作时牵引构件和刮板总是沉埋在物料底

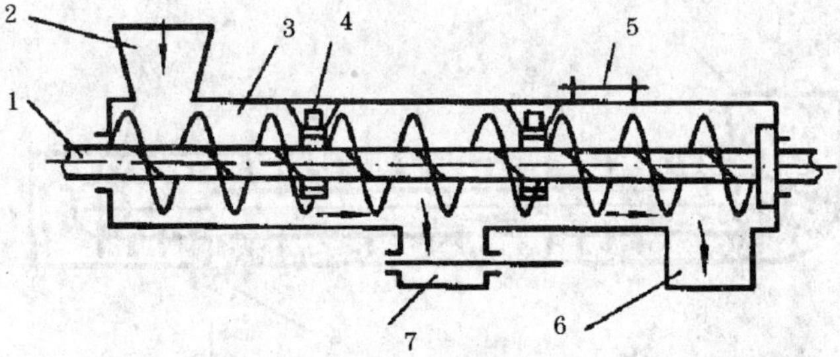

图 3-31　水平螺旋输送机

1. 轴　2. 装料斗　3. 料槽　4. 中间轴承　5. 中间装料口

6. 末端卸料口　7. 中间卸料口

部，被刮运的物料只限于同链条和刮板接触的一部分，而其他很大部分物料的移动是被刮运的物料带动的。刮板输送机适合高速和长距离输送颗粒均匀的块状、粒状和粉状的物料。刮板输送有水平和倾斜两种基本输送形式。倾斜输送的倾角不超过 35°，输送距离不超过 50 米。其主要特点是结构简单，装卸方便，物料可在一端或任意部位卸出。缺点是刮板和槽底的磨损较大，动力消耗较大，不宜输送湿度大的物料。

刮板输送机由牵引构件、刮板、料槽和两端的带轮等组成，如图 3-32 所示。工作时，牵引件绕链(带)轮运转，物料受到刮板链条在运动方向的压力及物料自身重量的作用，在物料间产生了内摩擦力，这种摩擦力保证了料层之间的稳定状态，并足以克服物料在料槽中移动而产生的外摩擦力，使物料形成连续整体的料流，沿料槽向前输送至端部或任意部位卸下。

4. 带式输送机　是用输送带作承载构件和牵引构件的连续输送机械。它是用一根封闭的环形输送带作牵引承载构件，将其绕过并张紧于张紧鼓轮和驱动鼓轮之间，依靠输送带

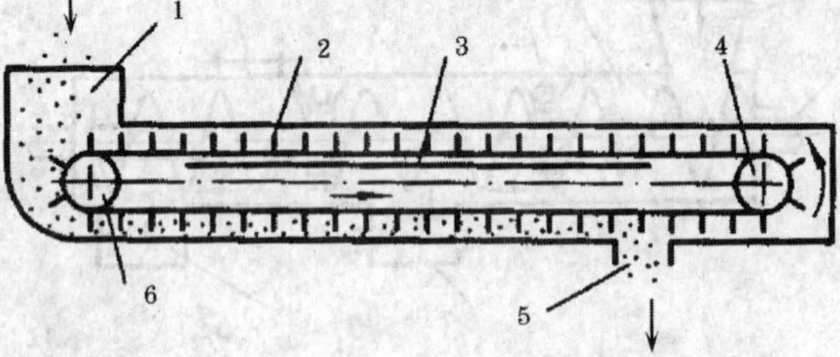

图 3-32　刮板输送机

1. 喂料口　2. 刮板　3. 支承托架　4. 驱动轮　5. 卸料口　6. 被动轮

和物料间的摩擦力来完成输送物料任务。它可以在水平方向或倾斜度不大的方向输送大量的散粒物料或包装物料。带式输送机的主要优点是：输送量大，输送距离长，构造简单，操作和维修方便，工作平稳可靠，不易损坏被输送物料，在整个输送长度上都可给料和卸料，各部分摩擦力小，无噪声，动力消耗低。因此被广泛用于仓库、车间之间运送散粒或包装的原料或成品。

在饲料生产中应用的带式输送机的种类较多，有水平输送、倾斜输送。输送带有转向式、可伸缩式、循环式等。但就其使用特点，可分为固定式和移动式两大类。

图 3-33　带式输送机

1. 加料斗　2. 给料机　3. 被动滚筒　4. 张紧装置　5. 上托轮　6. 下托轮　7. 中间卸料器　8. 张紧滚筒　9. 驱动滚筒　10. 卸料溜槽　11. 胶带

固定式带式输送机的构造如图 3-33 所示。主要由胶带、驱动轮、被动轮、张紧轮、上下托辊、加料斗、卸料器等组成。环形输送带套在驱动轮和被动轮上，在工作时通过张紧装置保持张紧状态，上、下托辊支撑着胶带。当电动机通过减速装置带动驱动滚筒转动时，输送带利用摩擦力随之以一定速度运行。物料由进料装置落在运动着的输送带上，随着输送带向前移动，输送到端部或任意部位，经卸料装置卸出。

（二）饲料包装设备

对饲料产品进行包装，可以保护配合饲料的质量，防止受潮和风吹日晒，易于实现运输、装卸及保管的机械化和自动化作业，还可以减少损失和环境污染。

包装设备主要有打包定量秤、输送机和缝包机。

1. 打包定量秤　主要由机架、称量斗、喂料斗及门、杠杆系统、给料系统、贮料斗、夹袋系统、电器控制部分和气动控制部分以及电磁计数器等组成，如图 3-34 所示。

打包定量秤的工作过程如下：由饲料生产线或饲料成品仓输送出来的配合饲料直接落入贮斗内，一定量的饲料贮存在贮料斗内，起到稳定和连续给料的作用。贮料斗出料口的下面就是给料系统，给料系统由链轮传动的摆线针轮减速器和由其带动的给料皮带组成。在贮料斗与给料皮带中间有一个可调挡板，以控制给料皮带上料层的厚度，调节称量速度。皮带的下面安装有毛刷及集灰斗对给料皮带进行清理，皮带的从动滚筒具有张紧机构。从给料皮带上落下的饲料进入喂料斗，喂料斗主要起集料作用，喂料斗下面有两个活门，一个大活门，一个小活门，另外在喂料斗的下底板上还有两个可开闭的孔。由喂料斗出来的饲料落入称量斗中，为使称量稳定，不致落料过多造成不能定量，喂料斗的落料分三段进行。头

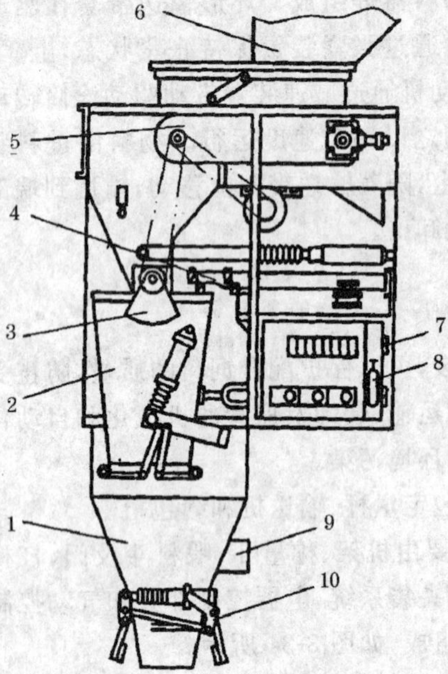

图 3-34　打包定量秤

1. 装袋器　2. 称量斗　3. 喂料斗及门
4. 杠杆系统　5. 给料系统　6. 贮料斗
7. 电器控制系统　8. 气动控制系统
9. 电磁计数器　10. 夹袋系统

段落料时，喂料斗大、小活门全部打开，原积累在喂料斗的大部分饲料迅速投入称量斗中，其重量约为称量的60%；二段落料，由给料皮带输送的饲料直接落入称量斗中，其重量约为称量的35%；三段落料，此时称量斗中的饲料已接近定量值，应慢速少量落料，所以喂料斗大、小活门均关闭，只留喂料斗底部的两个落料孔落料，当达到称重定量时杠杆系统起作用，通过电、气动控制系统停止落料。装袋工作开始。在装袋工作开始前，饲料袋已夹在装袋器上，装袋器为双层筒体，外筒出口直径为216毫米，装袋孔引风口与外部风道相连，装包时可抽吸飞扬的物料。夹袋机构由夹袋爪、连杆、弹簧等组成，通过气缸执行夹紧、松开包装袋的动作。包装袋一般由人工套在装袋口上。称量斗用来盛装被称重的物料，悬挂于杠杆的一端。称量斗底部有两扇活门，由气缸推动其开闭。杠杆系统是本秤的计量机构，由横梁、标尺和游铊、缓冲器等主要零部件组成。游铊用于平衡空间料柱重量和抵消系统误差。电控系统一般采用继电器控制线路，调整方便，维修简单。气动控制系统主要由气动三大元件、电磁阀、节流阀和气缸等组成。计数器，可预选包数，当达到预定包数时可自动停止称量。这种包装机械称量范围为 20～50 千克/包。

2. 带式输送机 由输送带、主、从动滚筒、托辊、张紧传动装置、行程开关、保护架和机架等组成，如图 3-35 所示。输

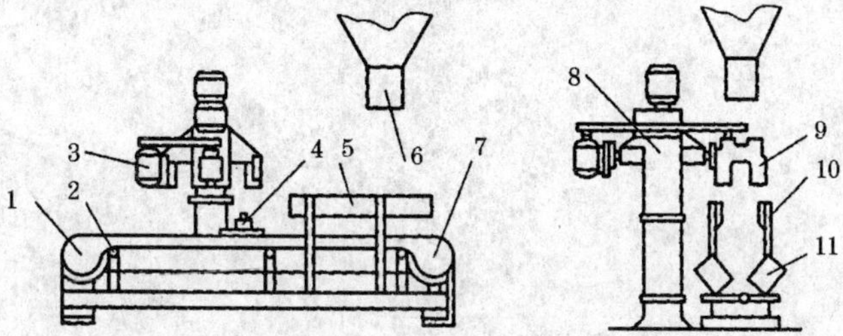

图 3-35 带式输送机和缝包机

1. 主动滚筒 2. 托辊 3. 缝包机电机 4. 传感器 5. 保护架 6. 打包定量秤装袋口 7. 被动滚筒 8. 缝包机机架 9. 缝包机机头 10. 保护架挡板 11. 输送带

送带是两条 V 型配置的皮带，同袋底形状相符，可以保持包装袋的直立位置，并始终稳定它们通过封口的正确位置。两条输送带的速度一致。托辊可以调整两条输送带长度的微小差异，机尾的两个从动滚筒可以起张紧输送皮带的作用。为适应缝包输送的要求，启动、倒转、正转均设有按钮控制，还设有脚踏开关，遇有紧急情况时可进行双重控制。饲料包装袋被缝好时包装袋触动行程开关，行程开关控制缝纫机停止工作，待下次料袋到来时再开始工作。保护架的高低可以调整

以适应不同重量的包装。

3. 缝包机 缝包机一般采用工业用缝纫机头，配以机身、回转架、电机和控制机构等。机身上的控制机构可以调节缝纫机头的高低以适应不同重量的包装。回转架上安装有两个缝纫机头，当一个机头出现故障时，回转架回转将另一备用机头投入工作。另外缝包机还有一个由行程开关控制的自动割线装置。缝包机的缝纫速度与输送带的输送速度应一致。

第四章　饲料厂的管理

一、饲料产品质量管理

所谓配合饲料的质量是指配合饲料本身所固有的品质的优劣程度,它说明了饲料原料和饲料加工的优劣程度。20世纪80年代我国的畜牧业发展迅速,随着人们生活水平的不断提高,畜牧养殖生产已从追求畜产品数量增长向追求畜产品质量和安全性转变。为此配合饲料工业的发展方向也应以追求饲料产品数量转向追求质量,只有全面提高配合饲料产品质量,开发出新的符合市场需求的饲料品种,才能实现饲料加工业的可持续发展,应该说配合饲料质量是饲料工业发展的生命线。

配合饲料质量管理是以国家有关质量的法律、政府有关配合饲料质量的规章以及政府批准发布的强制性标准为依据,对配合饲料生产、流通、分配、消费过程中的原料、产品及服务质量进行管理。

通过配合饲料质量管理,饲料生产企业可以不断地提高自身产品的质量,使产品质量稳定,信誉良好,在市场上具有较强的竞争能力,使不合格产品率降到最低限度,同时通过配合饲料质量管理还可以降低饲料成本消耗,增加利润,有利于扩大再生产。通过配合饲料质量管理,加速新产品的开发和质量提高。目前配合饲料尤其是添加剂的安全性是急需解决的问题,加强对有毒有害物质的检测及监控,不仅减少饲料对人、畜造成的不良影响，同时取代这些不良饲料产品的新型饲料的研制开发将被提到议事日程上来。因此，要想大力发展饲料工业，新型饲料产品的研制和开发是必要的。

配合饲料质量管理，尤其是饲料安全性管理，对保障畜禽产品安全、人民身体健康、保护生态环境、维持社会稳定、提高人们消费畜产品的信心，增加养殖业出口创汇和提高饲料质检部门的检测能力都有重要的意义。

总之，配合饲料质量管理是饲料生产、饲料销售以及饲料使用过程中必不可少的重要环节。

（一）饲料产品质量标准

1. 配合饲料质量的内涵及衡量指标 我国配合饲料质量通常从感观指标、水分指标、加工质量指标、营养指标和卫生质量指标 5 个方面对其进行评定。随着人们对动物营养、生物化学、饲料科学、动物科学、动物福利、环境安全、动物食品卫生等方面认识的不断增长，现有评定指标已不能满足饲料工业发展的需要，加入 WTO 以后，中国饲料工业面临更大竞争。为此，配合饲料的质量评定指标将与国际接轨。

根据国际上饲料工业的发展状况，将配合饲料的质量内涵及衡量指标概括为以下几方面。

(1)营养质量指标 主要指配合饲料中的各种养分能满足不同生产水平、不同生理阶段以及不同饲养方式的畜禽的营养需要。目前配合饲料营养质量指标已从原来的 7 大概略养分（水分、干物质、粗蛋白质、粗脂肪、粗灰分、粗碳水化合物、维生素）向这些养分的具体成分和功能方面发展，比如粗蛋白质中的各种必需氨基酸，粗纤维中的中性洗涤纤维和酸性洗涤纤维等。并且随着动物营养学研究的不断深入，可消化、可代谢利用养分的含量都将成为配合饲料营养指标的一部分。

(2)卫生安全质量指标　主要指配合饲料中有机的、无机的、微生物的、有毒有害物质的含量标准以及它对人、畜产生不良影响的情况。

这些有毒有害物质包括:饲料作物自然产生的有毒有害物及抗营养因子,饲料原料在生产、加工、贮藏过程中被污染的一些重金属、有机磷农药、有机氮及其他高分子有毒物,饲料生产中加入的一些违禁药物及未按规定使用的药物,饲料在加工、贮存、运输过程中产生的有毒微生物及其代谢产物等。

(3)环境安全质量指标　主要指饲料中的养分或有毒有害物质经动物体内代谢后排出体外,对环境(土壤、水源、空气)造成的危害状况。主要涉及饲料养分中的氮、磷、硫、铁、铜、锌、硒、砷、铬以及来源于饲料添加剂中的重金属元素。

(4)生物安全质量指标　饲料中药物添加剂以及抗生素的使用对肠道微生物产生的抗药性及对人、畜带来的生物安全性危害的情况;转基因植物的使用对人、畜、环境、生物资源带来的危害性情况;动物性饲料带来的生物安全性危害情况等。

(5)饲料产品的商品性状及物理性状指标　此项指标主要是评定饲料产品的外观形状、色泽、容重、颗粒大小、坚实度、混合均匀度、水中悬浮性、粉化率、货架寿命等品质质量。

2. 配合饲料质量标准和法规　配合饲料质量标准化是提高配合饲料品质、保证饲料安全、保障人、畜健康、便于政府部门对饲料企业进行监管的一项重要且有效的措施,为此我国先后颁布了一系列国家强制性标准和行业内部标准,目前我国共颁布国家标准和行业标准近300项，基本涵盖了饲料原料、饲料添加刑、饲料产品、监测方法、饲料机械等各方面，已基本建立了一套结构合理、功能配套的标准化体系。

根据饲料工业的要求，对需要统一技术要求的饲料原料、产品及相关内容制定标准，这些标准即为饲料工业质量标准。饲料工业标准分为国家标准（由国务院标准化行政主管部门制定）、行业标准（由国务院有关行政主管部门制定）、地方标准（由地方省、市、自治区标准化行政主管部门制定）及企业标准（企业可指定严于国家标准或行政标准的企业标准，在企业内部适用）。一旦制订了国家标准，行业标准和地方标准即行废除。饲料法规具有强大的法律效应，它与饲料标准的最大不同在于它规定了对违法行为的处罚以及监测机构、评定检验人员的资格，它是由政府权力机关发布实施的。根据饲料法规政府及相关部门可规范饲料行业的经济活动，约束饲料企业的经济行为，最终达到保证饲料产品品质及安全，保障人、畜健康，保护生态环境的目的。

（二）饲料质量检测的基本内容及方法

1. 质量检测基本内容

（1）原料检测　通过检测饲料原料中各种养分的含量及有效性，判断饲料原料的优劣。通常质检的主要内容包括：饲料原料的干物质含量、粗蛋白质含量、钙、磷及食盐含量、有毒有害物质含量及卫生状况等。尤其是饲料原料中营养指标的实测值是准确进行配合饲料配方的前提。

（2）加工质量检测　主要判断将饲料原料经配方转化为产品过程的技术操作是否规范、是否符合产品要求。通常质检内容包括：粉碎粒度、混合均匀度、颗粒饲料粉化率及硬度等。

(3)*产品质量检测*　通过对不同畜禽产品中各项营养指标、卫生指标、理化指标及环境质量指标的检测,确定配合饲料产品是否合格。

2. 质量检验基本方法　优良的饲料原料及配合饲料产品是指其所含各种营养成分能满足动物的营养需要,饲料的利用率好,具有较高的营养价值。除此以外,饲料产品质量的卫生及安全性检测也越来越受到关注,为了判断饲料原料及配合饲料产品的质量优劣,可采用如下几种检测方法。

(1)*感官鉴定法*　是一种简便易行的检测方法,也是使用其他检测方法的先期步骤之一,它的主要目的是通过感官来判断饲料原料和饲料产品的真伪及质量。感官鉴定在饲料原料的检测中使用较多,感官鉴定的准确性高低与鉴定人员的经验素质有很大关系。通常感官鉴定的指标有:水分、颜色、气味、温度、粒度、均匀度、杂质的含量及动物污染程度等。

(2)*化学分析法*　是一种准确测定饲料原料及产品中各种营养成分含量的方法。化学分析分为常规分析和专项分析两种。

化学分析项目繁多,随着动物营养研究的不断深化,其检测指标还会增加。在化学分析的过程中不同的检测指标所用仪器、设备和试剂均不相同。因此,化学分析方法的实施必须要有一定的条件:装备精良的实验室和训练有素的化学分析人员,两者缺一不可。正因为如此,样品的化学分析费用较高,尤其是专项分析的费用很昂贵,化学分析方法不是任何一个饲料生产企业均能具有的检测手段。但一般而言,作为商品化生产且具有一定规模的饲料厂应建立常规分析实验室,以确保所售饲料产品的营养符合标准要求,而对于投资较大、分析难度较高的专项分析，如维生素、微量元素、氨基酸等，饲料加工厂可根据需要定期由有关部门协助检测，以把住饲料产品质量关。

(三)提高饲料产品质量的途径

配合饲料生产过程中的质量控制是饲料加工中的重要环节。质量控制是保证和提高饲料产品质量的重要手段。饲料厂的质量控制是对产品从原料进厂到成品出厂整个过程的控制。是利用科学的方法对产品质量实行控制，预防生产不合格的产品，使产品达到规定的质量标准的过程。

1. 饲料原料的质量控制 饲料原料质量是饲料质量的基本保证，只有合格的原料，才能够生产出合格的产品。生产统计表明，产品营养成分差异的40%～70%来源于原料。因此，饲料原料质量管理在生产中是关键环节。原料质量管理包括原料采购管理、原料入库管理和原料保管管理等环节。

(1)原料采购管理 原料采购要做到以下几点。

① 掌握原料质量性能和标准。

② 订立责任合同；在原料产地(厂家)察看原料及其生产工艺。

③ 掌握本厂生产工艺、库存等情况。

④ 严格对进厂原料的化验和验收。

原料采购必须严格按照原料标准进行采购。采购原料时首要的是注意质量，不能光考虑价格。在运输、装卸过程中，要防止不良环境(潮湿、高温)对原料质量的影响，防止包装破损及原料的相互混杂。

(2)原料入库管理 原料进厂后，保管人员必须立即通知质量管理部门取样检测，质量管理部门原则上在3～7个小时内出具检测报告，并对原料作出判断性结论。质控员接到到货通知后，应进行详细的感官检验，包括到货场、码头、供应商实地检验质量，在检验过程中应特别注意整批原料感官是否一致，感官检验包括颜色、气味、粒度、杂质、发霉、结块、发热、虫蛀等。如感官不一致要分别针对性地抽取特殊样品，并做好记录，取样后根据不同的原料要求先进行镜检等物理分析，然后进行化学分析，通过以上检验认为合格的原料应立即通知生产部门（仓管员）卸货。不合格的原料应立即通知采购部门处理。

卸货时要监督仓管员正确收放，一般情况要离墙堆放，并加垫板，以防原料吸潮变质；卸货过程中还应对此批原料继续检查，发现不合格的原料应立即通知仓管员并停止卸货并退货或单独堆放等候处理。卸货完毕应抽取大样并进行登记存档（包括产地、供应商、到货数量、到货日期、库存货位、质量情况）以便日后查找。

所有原料必须在收到质量管理部门同意入库的通知后才能办理入库手续。经检测合格的原料入库后，按类别、品种、批次分类存放，堆码整齐，并填好原料入库卡，标明品种、数量、规格、生产厂家、经营单位、生产日期和购货日期等，然后将入库卡挂在原料上；原料接收进仓前，必须进行质量检验，定量分析有效成分，与国家有关质量标准进行对照，从而保证原料的质量能满足饲料生产的需要。

(3)饲料仓贮管理　饲料原料或成品在贮藏中应注意以下事项。

① 原料入库要填写《原料接收报告》，写明原料品名、入库日期和检验的各项情况的结果，并保留一定的接收样品。

② 不同品种、不同营养成分含量、不同入库期的原料或

成品都分开存放，分门别类挂上标签，建立库存卡，保证做到先进先出。

③ 成品一般都要包装，都应带有产品标签，注明产品名称、商标名称、饲料成分的分析保证值、每种组分的常用名称、净重、生产日期、产品有效期、使用说明、生产厂家和通讯地址等条目；对于加药饲料，还要有加药目的，所有活性药物原料的名称、用量、停药期的注意事项以及防止滥用的警告等内容。

④ 仓库应有料温自动记录仪、报警装置、控温设备和湿度检测计等仪器设备。注意仓库温度和湿度的控制，防止因饲料水分含量高和空气相对湿度大而引起的霉菌繁殖。成品贮藏期尽可能缩短，如发现霉变现象，应及时采取措施。对于浓缩饲料和预混合饲料均应加入适量的抗氧化剂和防腐剂，这样可贮藏3～4周。

⑤ 建立安全保护措施，防止老鼠、昆虫的啮咬。仓库要定期清扫，尤其对散装物料存放的仓库，换装物料时一定要清扫。

原料接收后，必须合理贮存，必要时进仓前应进行清理除杂，原料在原料库内要注意防漏、防潮、防晒、防虫、防霉等，对于特殊原料（如维生素、氨基酸、药物等）要专门保管。此外要做好原料采购计划工作。原则上要求在原料发放时按入库先后顺序发放，做到先购先用。当某种原料用到一定数量时，要及时通知采购部门准备购进下一批原料。在投料时，必须进行严格的核实，以防误投或错投原料，造成原料混杂而生产出不合格的饲料。此外，对原料仓要进行定期检查和清理，以防物料在仓中结块而影响下料，或发生霉变而影响饲料质量。正常情况下，应保持仓中存放的原料品种相对稳定，如改换其他品种原料时，必须将仓中原料清理干净，确认仓中无残留后再放入新的原料，以杜绝料仓混料。

质控员对库存的原料要做到心中有数，包括产地、供应商、到货日期、库存数量、质量情况，经常检查原料在贮存过程中是否发生变化，如发热、发酸、结块、生虫、发霉、水分升高，若有异常情况应立即处理。原料使用时有特殊规定的要写出具体的书面报告给生产部门（包括仓管员、下料员、总控员）。原料下料时应严把质量关，监督一般情况下是否按先进先出的原则使用原料，有特殊规定的原料是否按报告执行。坚决禁止发霉、发热、发酸、变质、变味、结块、发霉、生虫的原料投入使用，原料下仓时要经常检查原料是否进错仓，原料筛网规格等等。应对当天生产计划了解清楚，以确定原料使用情况，每周星期一应对所有库存的原料进行仔细认真地检查。

2. 全价配合饲料的质量控制 在饲料厂将合格原料加工成用户满意的优质饲料产品的过程中，饲料厂的加工工艺与加工过程的质量控制是极为重要的。饲料的加工过程也是饲料的质量控制过程，应当使每一个操作人员和工作人员认识到他们所进行的工作都与产品质量有密切关系。因此，必须明确每个人所在的工作岗位在质量控制方面的职责。

（1）投料过程中质量控制 投料之前，投料人员必须按控制人员的投料指令进行投料，进行原料的核实。错投和误投将直接影响饲料质量。错投或误投原料，将造成配料原料仓中的原料混仓，在配料中操作人员或计算机就会把原料仓中的混料作为一种原料使用，从而造成配方执行错误，饲料质量无法保证。例如：控制人员通知投入鱼粉，他们就把投料分配器转入鱼粉仓，如投料工错投豆粕，豆粕就会进入配料仓，在配料过程中使用鱼粉时，按鱼粉的数量进入电子秤，而配料原料仓中下来的是豆粕，错投造成配方误差，生产出的饲料即为不合格的产品。

(2) 原料清理过程中的质量控制

①磁选　磁选装置的完好程度直接影响饲料加工设备的正常使用。在大批原料投入时，原料中不可避免地有铁质杂质。如铁质杂质进入生产线，就有可能毁坏粉碎机筛网，有时还会打坏粉碎机锤片或粉碎机，更进一步如进入制粒机(需要制粒的饲料)，将会对制粒机造成破坏性毁坏。所以，保证磁选装置的完好，是设备维护的关键步骤之一。另外，磁选装置还必须定期清理干净，一般每班至少清理 1～2 次。如没及时清理，磁选装置就会失去其应有的功能，不能及时将铁质杂质留住而进入下一工序，这样磁选装置形同虚设。磁选装置不仅在投料线上有，在整个饲料加工设备中一般有多处，如粉碎机上口，制粒机上口，提升机下口等，无论在何处的磁选设备都必须定期检查。

②初清筛　初清筛是把进入生产线的原料中的杂质进一步除去的装置。投人生产线的原料中掺杂着一些较大的杂质如绳头、纸片、木屑等。需要在初清筛中除去。因此，初清筛的完好和正常工作是非常重要的。初清筛必须定期清理，一般每班 1 次。如不能及时清理，就会发生堵料现象。如初清筛破损，其作用就会丧失，一些杂质进入粉碎机堵塞粉碎机筛孔，造成粉碎机生产能力下降，从而影响生产的正常进行。

③原料仓　原料仓是配料过程中电子秤直接领取原料的缓冲仓，一般根据常用配方中物料的使用多少来选配原料仓的大小。大宗原料如玉米选用较大的原料仓；鱼粉、石粉等用量较少的原料选用较小的原料仓。原料仓中原料的质量是配合饲料质量好坏的关键。所以，保证原料仓中原料的质量，检

查原料仓是否有漏料现象是必不可少的。有时有的原料在仓中存放时间过长，在使用时应检查仓中原料的质量是否发生变化，如有质量问题必须停用仓中原料，将仓中原料放出并将仓中残留物清理干净，再重新投入合格原料后使用。一般料仓在设计时考虑了物料的溜角问题，但也不排除料仓原料的结拱问题。有时物料水分过大或其他原因粘在仓壁上。所以，对原料仓要进行定期(如每 2 个月)清扫和检查，以防止物料在仓中发生结块后不下料影响生产，或发霉结块后进入饲料中影响饲料质量。正常情况下，保持仓中所存放原料相对稳定，如在某一仓中改放另一种原料时，必须将料仓中原料放净，确认仓中无残留后再放入新的原料，杜绝料仓混料。

(3)粉碎与输送过程中质量控制　粉碎机是饲料加工过程中减小原料粒度的加工设备。应定期检查粉碎机锤片是否磨损，筛网有无漏洞、漏缝、错位等，一般每班 1 次。粉碎机对产品质量的影响非常明显，它直接影响饲料的最终质地(粉料)和外观的形成(颗粒料)。操作人员应经常注意观察粉碎机的粉碎能力和粉碎机排出的物料粒度。一般粉碎机超出常规的粉碎能力(速度过快或粉碎机电流过小)，可能是因为粉碎机筛网被打漏而形成无过筛下料，物料粒度将会过大。检查粉碎机排出物料，如发现有整粒谷物(玉米等)或粒度过粗的情况，应及时停机检查粉碎机筛网有无漏洞或筛网错位与其侧挡板间形成漏缝，发现问题及时进行修理。整粒谷物或粒度过粗不仅会造成产品质量问题(不合格的粉料)，还会降低制粒机的制粒性能和颗粒饲料的质量。检查粉碎机有无积热现象，如粉碎机堵料，粉碎机下口输送设备故障或锤片磨损粉碎能力降低时，都会使被粉碎的物料发热。无论是什么原因，粉碎物料积热应及时解决，否则会毁坏粉碎机或对物料造成不良影响，从而影响饲料质量，甚至引发火灾。

(4)称量系统质量控制　称量是配料的关键，是执行配方的首要环节。称量的准确与否，对饲料产品的质量起至关重要的作用。一般配方设计比较精确，保险系数在一定范围内，出于对配方成本的考虑不可能有太大的允许误差(一般只考虑设备正常误差)，所以，操作人员必须有很强的责任心，严格按配方执行。在原料变化或其他情况需要对配方进行变动时，要请技术人员来进行调整，不得任意变动，保证配方的科学性与严谨性。

一般小型饲料厂采用人工称量配料，然后投入搅拌机，这就要求操作人员一定要有很强的责任心和质量意识，否则人为误差很可能造成严重的质量问题。在称量过程中，首先要求磅秤(或其他称量工具)合格有效。要求每周由技术管理人员对磅秤进行一次校准和保养，每年至少一次由标准计量部门进行检验；其次，称量时必须把磅秤周围打扫干净，称量后将散落在磅秤或称量器具上的物料全部倒入搅拌机中，以保证进入搅拌机的原料数量准确。第三，一般不用容器来指示数量，因为这样计量的准确度很差。切忌用估计值来作为投料数量。第四，要有正确的称量顺序。

(5)配料搅拌过程中质量控制　饲料原料只有在搅拌机中均匀混合，饲料中的营养成分才能均匀分布。如果不能将饲料原料混合均匀，配方的目的就不能完全实现，饲料的质量就不能保障。如果微量成分如维生素、氨基酸、微量元素和药物混合不均匀，将直接影响饲料的质量，影响畜禽生长速度，不能充分发挥其作用，造成很大的浪费，甚至引起畜禽中毒。

①原料的添加顺序　在搅拌机中加入原料时，应当首先加入量大的原料，量越少的原料越应在后面添加，如维生素、

矿物质和药物的预混料，这些原料在总的配料过程中用量很小。所以，不能把它们直接添加到空的搅拌机内。如果在空的搅拌机内先添加这些微量成分，它们就可能落到缝隙或搅拌机的死角处，不能与其他原料充分混合。这不仅造成了经济价值较高的微量成分损失，而且使饲料的营养成分不能达到配方的水平，还会对下一批饲料造成污染。所以，量大的原料应首先加入到搅拌机中，在混合一段时间后再加入微量成分。有的饲料中需要加入油、水或其他液体原料，在加入时要经过搅拌机上部的喷嘴喷洒，让液体原料以雾状喷入搅拌机中。这样，可以使液体原料在饲料中分布均匀。在液体原料添加前，所有的原料一定要混合均匀。然后再将液体原料喷洒在上面，再次进行搅拌混合。含有液体原料的饲料需要相应延长搅拌时间，目的是保证液体原料在饲料中均匀分布，并将可能形成的饲料团搅碎。有时在饲料中需加入潮湿原料，应在最后添加，这是因为加入潮湿原料可能使饲料结块，使混合更不易均匀，从而增加搅拌时间。为了保证饲料的均匀搅拌，加入各种饲料原料的顺序应为：先加入量大的原料；再加入微量成分如添加剂、氨基酸、药物等；再用喷雾嘴喷入液体原料如油、水、液体氨基酸等；最后加入潮湿原料。

②混合（搅拌）时间　混合时间应以混合均匀为限。最佳混合时间取决于混合机的类型（卧式或立式）和原料的性质（粒度、形状、形态及容重）。确定最佳混合时间是十分必要的。混合时间不够，饲料搅拌不均匀，影响饲料质量；混合时间过长，不仅浪费时间和能源、对混合均匀度也无益处，一般混合机的混合时间为：卧式混合机：3～5 分钟，立式混合机：8～15 分钟。

(6)制粒过程中质量控制　制粒前对设备的要求，生产前要对设备进行检查和维护，以确保产品的质量。它包括以下几个方面。

① 制粒机上口的磁铁要每班清理 1 次，如果不能清理，饲料中的铁质可能进入制粒机环模，影响制粒机的正常工作。

② 检查环模和压辊的磨损情况。压辊的磨损直接影响生产能力；环模磨损过度，减少了环模的有效厚度，将影响颗粒质量。

③ 定期给压辊加润滑剂，保证压辊的正常工作。

④ 检查冷却器是否有物料积压，检查冷却器内的冷却盘或筛面是否损坏。

⑤ 破碎机辊也要定期检查，如辊筒波纹齿磨损变钝，会降低破碎能力，降低产品质量；每班检查分级筛筛面是否有破洞、堵塞和缠结现象，筛面必须完整无破损，以达到正确的颗粒分级效果。

⑥ 检查制粒机切刀。切刀磨损过钝，会使饲料粉末增加。

⑦ 检查蒸汽的汽水分离器，以保证进入调质器的蒸汽质量。不然会影响生产能力和饲料颗粒质量

⑧换料时，检查制粒机上方的缓冲仓和成品仓是否完全排空，以防止发生混料。

猪、鸡饲料一般含有较多的玉米，淀粉含量高，而粗纤维含量较低。因此，颗粒饲料的结构和强度全靠调质技术，用热蒸汽来软化原料，以提高饲料的制粒性能。在调质过程中，饲料中的淀粉会发生部分糊化，糊化的淀粉起熟合作用，提高了饲料的颗粒成型率。一般调质器的调质时间在 10～20 秒，延长调质时间可以起到以下作用：增加淀粉糊化、提高饲料温度、减少有害微生物、提高生产效率和颗粒质量。蒸汽压力较

低时，能更快地将热和水散发出去，为了提高调质效果，必须控制蒸汽压力。一般生产颗粒饲料可根据实际操作的需要，调整饲料的含水量在16%～18%，温度在75℃～85℃。

正确调整压辊间隙可以延长环模和压辊的使用寿命，提高生产效率和颗粒质量。调整要求如下：将压辊调到当环模低速旋转时，压辊只碰到环模的高点。这个间隙使环模和压辊间的金属接触减到最小，减少磨损，又存在足够的压力使压辊转动。

应根据颗粒产品的粒度，决定原料粉碎的粒度要求。粒度太细，加工速度低，生产率下降；粒度太粗，颗粒成型率下降，颗粒易破损。可根据不同用途来调整饲料的粒度，肉鸡饲料的粒度可大些，在15～20目即可；鱼虾饲料的粒度要求细些，一般在40～60目；一些特殊饲料的粒度要求更细，在80～120目。

(7)包装和仓贮过程的质量控制　包装和仓贮过程是饲料加工和质量控制的最后一道工序。按规定的加工工艺进行操作和合理的质量控制，是饲料质量控制的重要环节。

①包装前的质量检查　饲料经过包装，其外观质量缺陷不容易被发现。所以，包装前的检查是十分必要的。包装前应检查和核实以下几方面：被包装的饲料和包装袋及饲料标签是否正确无误；包装秤的工作是否正常；包装秤设定的数量是否与要求的重量一致；从成品仓中放出部分待包装饲料，由质检人员进行检验，检查饲料的颜色、粒度、气味以及颗粒饲料的长度、光滑度、颗粒成型率等，并按规定要求对饲料取样。

②包装过程中的质量控制　包装饲料的重量应在规定的范围之内，一般误差应控制在1%～2%；打包人员应随时注意饲料的外观，发现异常情况及时报告质检人员，听候处理；

缝包人员要保证缝包质量，不得将漏缝和断线的包装饲料放入下一工序；质检人员应定时抽查检验，包括包装的外观质量和包重。

③仓贮过程中应注意的问题　成品饲料在库房中应码放整齐，合理安排使用库房空间。建立“先进先出”制，因为码放在下面和后面的饲料会因存放时间过长而变质。

在同一库房中存放多种饲料时，要预留出足够的距离，以防发生混料或发错料。保持库房的清洁，对于因破袋而散落的饲料应及时更新装袋并包装，放入原来的料垛。如果散落饲料发生混料或被污染，应及时处理，不得再与原来的饲料放在一起。

检查库房的顶部和窗户是否有漏雨现象；定期对饲料成品库进行清理，发现变质或过期饲料及时请有关人员处理；做好防虫、防鼠、防鸟工作。

3. 预混料的质量控制　预混料原料的质量以及预混料生产加工过程中的质量控制是确保预混料质量的根本保证。

(1) 预混料原料的选择　预混料的原料包括各种营养性饲料添加剂、非营养性饲料添加剂、载体、稀释剂、吸附剂等。预混料原料的种类和营养特性参考有关内容，不再赘述。仅陈述预混料原料的选择。

①维生素添加剂原料　选择维生素添加剂原料要从原料的稳定性、生物学活性、环境条件等方面进行选择。如酯化的维生素A稳定性好于维生素A纯品视黄醇；经包被处理的维生素A酯稳定性优于未被包被处理的；维生素C要选用稳定性较高的维生素C的钙盐或钠盐，或再经包被处理过的维生素C产品；在高温、高湿的夏季或湿热地区要选择稳定性较好的单硝酸硫胺，而不选择盐酸硫胺等。

②微量元素添加剂原料　微量元素添加剂原料包括无机类和有机螯合物两大类。选择的原则是根据其生物学利用率、稳定性、成本价格、来源等因素。如虽然研究表明有机微量元素螯合物生物学利用率均高于无机盐类，但因其成本远高于无机盐，在实际使用中还常常使用无机盐类的微量元素添加剂。要注意在使用硫酸盐类微量元素添加剂时的吸湿返潮、流动性差、不易加工等问题，应选择经过预处理的微量元素硫酸盐，如经过干燥处理（脱水）、微粒化处理、添加防结块剂、涂层包被处理等。

③其他饲料添加剂　非营养性饲料添加剂种类繁多、作用机制及应用范围不同。因此，在使用中应根据动物的品种、生理阶段、生理特点、配伍禁忌、生产目的等合理使用，以防止出现异常现象，甚至死亡。

④载体　载体分为有机载体和无机载体。载体的选择要根据载体的承载力、粒度、容重、附着性、含水量、流动性、微生物含量、pH 值等因素综合考虑。

维生素添加剂预混料的载体应选择含水量少，容易与维生素原料接近，pH 值近中性，化学性质稳定且附着性较好的载体。通常选用有机载体如淀粉、乳糖、脱脂米糠、小麦麸等。其中脱脂米糠因其含水量低、容重适中、不易分级、表面多孔、承载能力较好而常作为维生素添加剂预混料的载体。

微量元素添加剂预混料的载体应选择那些化学性质稳定、不易变质、不与微量元素发生化学反应的载体，如石粉（碳酸钙）、白陶土粉、沸石粉、硅藻土粉等，注意载体的使用量。复合型添加剂的载体应选择能够对不同的组分有很好的承载能力，同时粒度、容重、pH 值等符合要求的载体。

药物性添加剂载体多选择含粗纤维较少的淀粉和乳糖。

⑤稀释剂　稀释剂不具备承载能力，其作用是把活性微量组分的浓度降低，并把它们的颗粒彼此隔开，减少活性成分之间的反应，有利于活性成分的稳定性。稀释剂分为有机稀释剂和无机稀释剂。选择时要考虑稀释剂的粒度、含水量、比重、pH 值等因素。

⑥吸附剂　吸附剂的作用是把液态化合物变为固态化合物。吸附剂分为有机吸附剂和无机吸附剂。常用的有脱脂小麦胚粉、脱脂玉米胚粉、玉米芯碎片、粗小麦麸、二氧化硅、硅石、硅酸盐等。

(2)预混料生产加工过程中的质量控制

①尽可能保证预混料原料微量成分的活性　根据微量成分的理化特性及生物学特性在预混料原料的选购、接收、预处理(干燥和粉碎等)、贮存、生产加工过程等环节保持其原有活性。

②工艺流程力求简单　预混料的生产如配料、混合、打包等工序应呈空间立体排列，尽可能减少提升和输送的次数，减少物料之间的交叉污染和混合后的分级。

③配料精度要高要求　生产预混料的配料系统要求精度高、误差小，并选择合理的配料工艺。

④混合均匀度要高　预混料生产使用的混合机要求其混合均匀度变异系数小于或等于 7%、高效、低残留。

⑤包装要求高　预混料的包装要求称量准确、无杂质污染、正确的标签。

⑥应具有完善的检测系统　预混料的检测要求具备良好的检测设备和高素质的检测人员，从而保证预混料的原料和成品的质量。

⑦产品销售要快　生产出的预混料应尽快被动物使用，

以保证其生物活性。

⑧劳动保护要求高　预混料生产厂应备有淋浴设备，以确保生产工人的安全，同时应定期为生产工人做身体检查，保证其健康。

二、饲料厂设备管理

饲料厂设备管理是饲料生产企业管理的一个重要方面。加强设备管理可确保企业生产的正常进行。提高产量，保证质量，降低成本，节约消耗，延长设备寿命，提高企业的经济效益。设备管理的内容，包括设备选型(购)、进厂验收、安装试车、使用、维护、修理、改造、保管与报废。这里着重介绍设备选型、设备润滑保养和设备技术管理的一般原理等实用性知识。

(一)设备的合理选型

1. 设备选型的一般原则　设备选型的基本原则是技术上先进，经济上合理。选择设备时，应根据本厂和供货(制造)厂的实际，全面考虑技术与经济两个方面的要求，具体应考虑下述因素。

(1) 生产率(产量)　设备的台时产量能满足加工工艺的要求，以便生产线协调生产。

(2)产品质量保证程度　所选择的设备必须能够生产出合格的产品。如配料秤要有较高的配料精度，混合机的混合均匀度变异系数要小。

(3) 可靠耐用　设备应工作可靠、不易出故障，可较长时间保持其技术性能，设备应耐用、不易磨损和损坏。

(4) 安全性　指设备对安全生产的保障性能。如有无过载保护装置、可否自动断电、停车。

(5) 节能性　设备的能源(电、油、热等)消耗要低。一般以每单位产品的能源消耗量来表示(千瓦·小时/吨)。饲料粉碎机、制粒机和膨化机是饲料生产中的高能耗设备,选型时节能是重点考虑的指标之一。

(6) 成套性　指设备的配套水平,是形成设备生产能力的重要标志。成套性不好,不能发挥设备生产能力,并造成浪费。

(7) 环保性　主要是设备的噪声和排放的有害物质对环境的污染小。

(8) 费用节约性　费用包括:设备购价、运输、运行、安装与调试、维修、折旧和管理费等。

(9) 维修性　指设备的可修、易修。设备的标准化程度高、可换性好则易修。设备的制造厂售后服务好及零部件供应能力强的设备,可优先选择。

(10) 适用性　设备的选择应与本单位的工人技术水平与管理水平相吻合,或经过努力如短期培训等可以适应的水平。否则,将影响正常的生产运作。

2. 清理设备选型　清理将颗粒状和粉状原料与原料中的大杂质与铁磁杂质除去。大杂质清理设备的除杂效率为98%、除铁效率在99%以上。

去除原料中的大杂质,目前国内最常用的是圆筒初清筛、其结构简单、产量大、功耗低、清杂效果好。对磁性杂质使用最多的磁选设备是永磁筒。它结构简单、使用方便、价格适中,效果理想,足可满足使用要求。

3. 粉碎设备选型　目前饲料粉碎主设备以选用锤片式

粉碎机最常见。因锤片式粉碎机结构简单，适应性强，工作可靠，产品粒度均匀且可以方便地调节，粉碎效率也较高。选型时，还应注意：粉碎机安全系统的完善程度；进料量自动控制系统的可靠性；主轴是否采用了高精度轴承（特别是大型机）；轴承润滑油是否选用了高速、高温用润滑油；粉碎机转子是否经过动平衡测试合格；筛板拆卸是否方便；筛板开孔率是否足够大；锤片是否经过良好的特殊处理，表面硬度是否达到68～70HRC；粉碎机噪声是否在 93 分贝（A）以下等问题。

4. 混合设备选型 混合机也是我国近年来技术发展最快的设备之一，已达到比较完善的阶段。主要使用机型有卧式螺旋带混合机，单、双轴桨叶式混合机和悬臂式双螺旋立式锥形混合机等。其中，双轴桨叶式混合机混合周期短（2～3分钟），混合均匀度高，系列产品规格齐全，是饲料厂主混合机和预混料混合机的首选优秀机型。不过该机仍有少量机内物料残留。卧式螺旋带混合机在 1992 年前是饲料厂主混合机最主要的机型，当前仍被广泛运用，混合效果也很好。

悬挂式双螺旋锥形混合机的物料机内残留量少，混合均匀度 CV（5%～7%）一般要达到 CV＜5%有困难，混合周期为 15 分钟或更长、小型饲料厂有用于预混料的生产，现应用渐少。

混合设备选用除考虑混合均匀度、混合速度和残留量之外，还应考虑是否具有液体添加功能，排料门密封是否可靠、刚度是否足够，机内死角大小程度等。预混料混合机与物料接触的部件必须用不锈钢制作，或作防腐处理。

5. 制粒设备选型 制粒机有平模和环模两种。平模制粒机适合粗饲料制粒，而国内牛羊饲料中，粗饲料颗粒料应用不多，故平模制粒机应用较少。制粒工序中一般配有制粒、冷却、碎粒和分级等设备，有的还配有油脂喷涂系统。

(1)制粒机　国内生产制粒机的饲料机械企业很多。其生产都已达到较高的技术水平。用户可根据各种因素和使用习惯来选择机型。选型时应考虑以下各点。

①压模参数和加工　应选择合适的压模厚度与孔形，并对压模材料、机械加工和热处理、压模的强度与刚度等进行初步了解，以选择产量高和寿命长的压模与压辊。

②主轴承牌号及配件供应　由于严格要求制粒机工作时压模与压辊间隙保持恒定，以便其挤压均匀、挤压力稳定和降低噪声。故尤其是大型制粒机的主轴承应采用高精度轴承、进口高精度轴承，其润滑油牌号也应符合专门的要求。主轴承精度差会使制粒过程恶化、噪声增高并大大降低压模寿命。

③ 蒸汽调质系统　要获得高产优质的颗粒，必须有高质量的蒸汽供给。蒸汽应该是过热蒸汽(干饱和蒸汽)。目前我国小于 4 吨/小时的蒸汽锅炉不能产生过热蒸汽，所以有不少中小型饲料厂将蒸汽压力过量提高，与事无补且会增加能耗。

(2)冷却器　推荐使用逆流式冷却器。主体部分、吸风管道均应用不锈钢板制成，进出料自动联控机构效果好，产量选择还可以用双台冷却器叠加方式加大产量。冷却器刹克龙与风机的合理匹配也将对冷却效果有重大影响。

(3)碎粒机　碎粒机构采用辊式，出粉率应在 3%以内。实际使用中，辊距调节非常重要，应选用在调节手轮处设置有标尺的碎粒机。选型时应特别注意:碎粒机进口宽度应与冷却器出口宽度相等。

(4)分级筛　有振动分级筛与回转振动筛两种。前者应根据物料性质、流量来调节筛体振幅以得到最佳筛分效果。回转振动筛因筛面距离较长故分级效果较佳而常用。二者均可满足使用要求，分级效率达 98%～99%。

6. 打包机选型 目前国内生产的称重打包机大多采用计算机控制。称重打包机属于必须进行强制检验的商用秤。动态计量精度 1/500 是有保证的，可符合商用标准。

缝包机是打包系统薄弱环节，国产机的可靠性差、故障多，往往使自动缝包变为人工缝包。近年通过消化吸收国外缝包机，性能大为提高。

(二)设备的维护保养与修理

1. 设备的维护保养 设备维护保养是使设备处于正常良好状态、保证生产可持续进行和获得合格产品的关键措施，应在实际工作中予以足够的重视。

(1) 维护保养的基本内容

①整洁 机器设备、工具、附件、安全防护装置等要经常保持完整、齐全。工作场所与设备内外要经常保持清洁，设备各部位没有跑、冒、滴、漏现象。

②润滑 按机器说明书要求对设备按时加油、换油，油路要畅通、油标要醒目。

③紧固 零部件应完整无缺，紧固件应紧固，不能有松动、非正常振动、碰撞、异常声响等现象。

④调整设备技术状态 要根据运行情况和检测结果，及时而正确地进行调节，以使机器在合格的或最佳的技术状态下运行。

⑤防腐 接触腐蚀介质(硫酸盐、蒸汽等)的设备、管道、弯头和阀门等，应采取防腐处理，经常清理。

(2) 维护保养类别

①日常保养 内容重点是清洁、润滑、紧固、检查零部件

的完整。

②一级保养　除日常保养外，还要进行部分调整。

③二级保养　主要是机器内部清洗、润滑，部分拆卸解体检查与调整。

④三级保养　对设备主体部分进行解体检查和调整，更换部分磨损部件。此外，还要对上述零部件的磨损进行测定、鉴定，以便获得必要数据，为编制修理计划提供资料。

日常保养又称例行保养，是一种经常性的不占设备工时的保养，每班进行1次，可在班前或班后进行。其他三级保养则需占一定的设备工时。日常保养和一级保养由操作工人承担，二级和三级保养则在操作工人参加下，由专职维修工人承担。在实际工作中，二级保养与小修理的界限往往难以划分，常结合小修理进行。

2. 设备的修理

(1) 修理的种类及内容

①小修理　是一种维护性修理。主要是清洗、更换和修复少量易损件并进行调整。一般在生产间隙时间、由维修工人在操作工人参加下在设备原地进行。

②中修理　是半恢复性修理。内容是更换和修复设备的主要零部件和其他易损件，对主要部件进行局部修理。

③大修理　是恢复性修理。对设备进行拆卸，更换或修复全部已磨损的零部件，重新组装、调整，使机器恢复原有的性能、精度和效率。

(2) 修理方法

①检查后修理法　事先只规定设备的检查计划，根据检查结果与档案资料再确定修理的日期和内容。此法简单易行，但不利于为修理做准备工作。

②定期修理法　预先规定修理期及修理内容，修理前再根据检查结果对修理计划修正。此法优点是有利于修理准备，缩短修理占用时间。

③标准修理法　根据设备的一般修理规律制定修理规划，严格执行计划，是一种定期强制修理方法。优点是有利于修理准备，有效地保证了设备的正常运转；检查后修理法适用于修理资料和经验不足的企业。定期修理法常被采用。标准修理法适用于那些必须严格保证安全运转的设备。

(3) 修理的组织工作　设备修理工作要达到以下五项要求：①合理安排修理计划；②保证修理质量；③加快修理进度，缩短停修时间；④修理与生产两不误；⑤节约修理费用。

设备修理组织工作的内容包括：编制设备修理计划，做好修理前的准备工作，加强现场指导和质量检查，做好修理记录，组织验收。

(三)设备的改造与更新

1. 设备改造　设备的改造是将科技新成果、新工艺与新设备来替代原有的旧工艺与旧设备。设备的更新则是用技术上先进、经济上合理的新设备去替代原有的物质上或经济上不能使用的设备。设备的改造与更新是企业生产发展强大的物质技术基础。

生产过程中设备会有有形（物质）损耗和无形（精度）损耗。有形损耗有些可以通过修理加以消除；有些则不能通过修理消除，这就需要改造或更新设备。无形损耗的补偿只能用设备的改造与更新的方法。

为界定设备损耗采取何种补偿形式，应了解设备的三种寿命。

(1) 自然寿命　又称物质寿命，指设备从投入使用至报废为止所经历的时间。自然寿命是由物质损耗而决定的；加强设备的维修保养，可延长设备的自然寿命。

(2) 技术寿命　新产品出现后，特别是更新换代的新产品出现后，原有设备在尚未达到自然寿命期就将被淘汰，如电子配料秤的出现，机电秤和机械秤被迅速淘汰即属此例。技术寿命是由设备的无形损耗而引起。新技术发展越快，产品的技术寿命就越短。

(3) 经济寿命　因设备老化而令使用费迅速增加，以致使用老设备从经济上变得不合算。这种根据使用费用而决定设备的使用期，称为设备的经济寿命。超经济寿命使用设备得不偿失，造成浪费。经济寿命由有形和无形损耗而引起。

2. 设备更新　饲料厂的设备更新是企业技术进步与产品开发的主要内容。在以下任一种情况下，必须进行设备的更新。

第一，设备老化、技术性能落后、效率低、能耗高，经济效益差的。

第二，经检查与预估，继续大修后设备的技术性能不能满足加工工艺要求和保证产品质量的。

第三，大修理重新能够恢复到的精度，远不如更新设备，且大修不如更新经济的。

第四，危害人身安全与健康、严重污染环境、进行改造又不经济的。

第五章　饲料厂的建设

一、饲料厂的类型和建设原则

饲料厂的主要任务是根据饲料配方和饲养要求，采用合理的加工工艺和设备，生产出符合动物营养需要的、成本低效益好、利于贮存和运输的饲料产品。对饲料厂的要求是：技术上先进，生产上可行，经济上合算。

（一）饲料厂类型及其功能

饲料厂所生产的饲料品种很多，根据所生产的饲料品种的不同，可将饲料厂分为以下几种类型。

1. 饲料原料厂　饲料原料厂主要是为生产配合饲料厂提供生产所必需的动、植物性饲料原料，如鱼粉、肉骨粉、草粉等。

2. 添加剂预混合饲料厂　添加剂预混合饲料厂主要是生产营养性或非营养性的添加剂，或者将它们与载体或稀释剂混合而制成粉状饲料半成品。添加剂预混料在配合饲料中所占的比例很小，但其所起的作用很大。

3. 浓缩饲料厂　浓缩饲料厂主要是生产由蛋白质饲料原料、矿物质和添加剂预混料组成的饲料半成品，不能直接饲喂动物，必须与能量饲料稀释混合后，才能饲喂动物。

4. 全价配合饲料厂　全价配合饲料厂是根据动物的营养需要生产养分全面的饲料，可以直接饲喂动物。

根据生产规模的大小，饲料厂可分为如下几种类型（表5-1）。

表 5-1 饲料厂规模系列

厂 型	小 型	中 型		大 型			
规模（吨/小时）	2.2	5	10	20	25	50	100
单班年产量（千吨/年）	5	10	20	40	50	100	200

＊资料来源：庞声海等．饲料加工机械使用与维修．中国农业出版社，2000

表 5-1 中将规模（吨/小时）换算成单班年产量（千吨/年）时，每年的工作日按 250 天，每班生产时间按 8 小时计，工厂单班年生产时间为 2 000 小时。

规模小于 2.5 吨/小时的小型饲料加工机组的生产能力有 2 吨/小时，1.5 吨/小时，1 吨/小时，0.5 吨/小时和 0.3 吨/小时等数种。

（二）饲料厂的组成

饲料厂区内一般由三部分组成：生产区、附属生产区和生活区。各区的主要建筑物和构筑物大致如下。

1. 生产区的主要建筑物和构筑物 主要包括：饲料加工车间、打包间、地磅房、卸料房或卸料坑、原料库、副料库、成品库、变电室、锅炉房、水泵房、空压机房、水塔或水池、消防泵房、预处理室、化验室、机修间、器材库、露天堆场、水码头或铁路专用线等。

2. 附属生产区的建筑物及构筑物 主要包括：行政办公楼（综合楼）、传达室（门卫室）、自行车棚、汽车库、围墙、消毒池、宣传栏、庭院建筑等。

3. 生活区主要建筑物 主要包括：食堂、宿舍、浴室、公厕、娱乐室、球场等。

上述建筑物与构筑物并不是每一个饲料厂都具备，而是视各厂规模、产品类型及厂房具体结构不同而不同。中小型饲料厂大多设施简陋，但只要能满足生产就行了，不必求大而全，以降低固定资产投资。

（三）饲料厂建设的原则

饲料厂建厂是一项十分细致、严肃的工作，它不仅影响基本建设投资的费用，而且直接影响投产后的产品质量的好坏和各项技术经济指标，因此在建厂过程中必须遵守以下原则。

1. 节约用地 不管是新建厂还是老企业改造、扩建都必须充分贯彻节约用地的原则，不得随意扩大用地面积。

2. 要尽量采用新工艺、新技术、新设备 使工厂在投产后能达到较高的技术经济指标和较好的经济效益。对中小型饲料厂来说，可灵活处理，以经济性为第一原则。

3. 尽量减少基建投资 在保证产品质量的前提下节约设备费用，缩短施工周期，减少基建投资。

4. 缩短设计时间 充分利用目前市场上流行的"交钥匙工程"模式。

5. 考虑环保问题 对车间的粉尘、噪声、防震、防火等要尽量符合国家规定的有关标准和规范。

6. 各项建设应相互配合 各生产环节不能相互脱节，否则会影响以后的产品质量、经济效率和生产管理。

二、饲料厂建厂的可行性分析

可行性研究是对建设工程进行技术、经济等综合研究的方法。其目的是为了摸清拟建工程在技术上是否可行，经济上是否有利，尽量避免投资失误。即在建设之前必须对各种有关因素进行综合分析，从而判定该项工程是否可行。

可行性研究必须对投资项目的生产规模、品种、厂址、工艺、设备、建筑、水电等进行相互关系研究，以达到投资最少，经济效益最高。若研究表明这项投资在经济上不合算，则要求对生产规模、品种、工艺、设备的选择等进行调整，直到得出最佳方案。如经过反复调整仍达不到经济效果，则这项投资计划为不可行的。

中小型饲料厂建厂的可行性研究重点可放在投资的经济性、国家产业政策的走向及本地饲料、饲养行业的发展状况上。小规模的投资建厂可有一些短期行为。

(一)可行性研究的作用

可行性研究的作用可以归纳为以下六点。

① 作为项目投资决策和编制设计任务书的依据。

② 作为筹集资金向银行申请贷款的依据。

③ 作为项目主管部门商谈合同、签订协议的依据。

④ 作为项目进行设计、设备定货、施工准备等建设前期工作的依据。

⑤ 作为项目采用新技术、新设备研制计划和补充地形、地质工作和工业性实验的依据。

⑥ 作为环境保护部门审查项目对环境影响的依据，是向项目建设所在政府和规划部门申请建设执照的依据。

(二)可行性研究报告的编制依据

对于拟建项目的可行性研究，必须在国家有关规划、政策、法规的指导下进行；同时，还要有相应的各种技术资料。

可行性研究工作的主要依据有以下11个方面。

① 国家有关的发展规划、计划文件。包括对该行业的鼓励与限制的有关方针政策。

② 项目主管部门对项目建设要求的请示批复。

③ 项目建议书及审批文件。

④ 项目承建单位委托进行可行性研究的合同协议。

⑤ 企业的初步选择报告。

⑥ 拟建地区的环境现状资料。

⑦ 项目承办单位从有关部门取得的协议及批文。如银行、规划、供电、环保等部门所涉及的投资、建设用地、原料及动力供应、三废排放、劳动保护等方面的初步协议及批文。

⑧ 国家有关经济法规、规定。

⑨ 国家关于建设方面的标准、规范、定额资料。

⑩ 市场调查。

⑪ 自然、社会、经济方面的有关资料。

(三)建造饲料厂可行性研究的内容

可行性研究的基本内容和深度一般要求如下。

1. 总论

① 项目提出的背景(扩、改建项目要说明企业现有概况),投资的必要性和经济意义

② 研究工作的依据和范围。

2. 市场需求情况和建设规模

① 经营地区内现有生产设备和能力,以及与该项目所承担任务的关系。

② 产品方案、品种、质量、数量以及副产品的综合利用情况。

③ 建成后的经营预测和经济效益。

④ 建设规模指标的确定和技术经济比较分析。

3. 条件和厂址方案

① 地理位置、气象、水文、地质、地形条件和社会经济现状。

② 交通、运输及水、电、气的现状和发展趋势。

③ 厂址方案的比较与选择意见。

4. 建设项目的主要协作条件和证明文件

① 城建、规划、消防等部门同意在选定地址建厂及同意征用土地的证明文件。

② 环保和卫生防疫部门同意在选定地址建厂及同意污水排放标准的证明文件。

③ 交通部门同意与选定地址连接的公路走向的证明文件。

④ 需要修建铁路专用线的，应取得铁路管理局同意接轨和接轨方案的证明文件（如果在临近企业专用线上接轨，还应取得该企业及其主管部门同意的证明文件）。

⑤ 需要修建码头的，应取得航运、航政和港务部门同意的证明文件。

⑥ 需要自来水或地下水的，应取得水厂或主管部门同意的证明文件。

⑦ 电业部门同意供电和供电方案的证明文件。

⑧ 其他协作条件有关部门的证明文件。

5. 建设内容和设计方案

① 项目的构成范围（指包括的主要单项工程）的确定。

② 技术和设备材料。所采用的技术和工艺的方案比较和论述，技术来源，主要生产车间或库房的组成和方案比较。

主要设备选用型号、规格、数量，设备来源，钢材、木材、水泥需要量估算。

③ 扩、改建项目要说明对原有固定资产的利用情况。

④ 公用、辅助设施和厂内外交通运输方式的比较和初步选择。

⑤ 厂总体布置方案的初步选择和土石方工程量的估算。

6. 环境保护　调查环境现状，预测项目建成后对环境的影响，提出环境保护和三废治理的初步方案。

7. 企业组织、劳动定员和人员培训

① 项目的生产(管理)、组织系统。

② 劳动定员(工人、干部)和人员培训计划。

8. 项目实施进度建议

① 勘察设计周期和进度。

② 工程施工周期和进度。

③ 项目实施的可行方案。

9. 投资估算和资金筹措

① 工程投资估算。

② 生产流动资金或经营费用的估算。

③ 资金来源、筹措方式及贷款时偿付方式。

10. 社会及经济效果评价　经济效益，投资偿还能力，投资回收年限的计算。

11. 附图及附表

① 厂址的位置图。比例：1∶50,000 或 1∶100,000。

② 具体厂址的地形图和总平面布置图。比例：1∶500 或 1∶1,000。

③ 资源、货源、原料、商品流转计划、经营任务、运输距离图表。

12. 评价结论 运用各项数据从技术、财务、经济等方面论述建设项目的可行性，存在问题和建议。

三、厂址选择及厂区规划

选择好建厂地点，并对总平面布置做出合理的规划和设计，是关系到工厂建设投资、生产经营管理和职工工作、生活条件等各方面的大问题，必须慎重研究和周密考虑。

（一）厂址的选择

选择厂址前，必须对各个有可能作建厂的地点，进行资料收集和初步勘察。应该收集的资料包括：城镇规划和建厂地点的平面图；土壤、地质、地形和地下水位资料；供电情况资料；气象和气候资料；地震资料以及原料流向资料。按照经济合理性、技术可能性和满足生产、生活要求的原则，进行分析比较，最后选定其中比较理想的一个作为厂址。厂址选择一般应符合下列要求。

① 厂址选择必须与当地的城镇规划结合起来，并符合原料流向和工业布局。

② 厂址应选择在水陆交通便利的地方，以利于原料和成品运输。大型仓厂结合的企业，还应考虑修建铁路专用线和专用码头的可能性。

③ 尽量缩短原料运输的距离，节省搬运费用和仓容。

④ 厂址所需的面积，应根据设计任务书规定的工厂规模和仓容量来决定。如设计任务书批准有工厂发展的远景规划时，应保证有扩展的余地。厂址应尽量节约用地，注意不占或少占良田。地形最好选用长方形。

⑤ 厂址的地势应尽量平坦，以减少平整土地所需的工程量和费用。如有坡度，其倾斜度应以 0.4%～0.5%为宜，且方向应有利于地面水向厂外排泄。

⑥ 厂址应有良好的地质条件，这样可以避免复杂的基础工程，建造立筒库和层数较多的饲料厂，土壤耐压力最好不低于 20 吨/米^2，一般厂房耐压力最好不低于 15 吨/米^2。地下水位最好低于拟建的地下室、地坑和地槽底的深度，否则会增加防水处理费用。

⑦ 厂址选择应考虑给水、排水和供电的方便性，保证工厂生产和职工生活有足够的水源，以及方便的污水排放系统。

⑧ 厂址选择还应符合安全和卫生要求，尽量避开或远离易燃、易爆、有毒气和其他污染源的工厂企业。在靠近居民区时，应选在下风位置。

⑨ 厂址不应选在容易受淹、有地下矿藏和机场附近，以及飞机起落航线经过的地区。

(二)厂区建筑物的规划及工厂总平面设计

工厂总平面设计，就是对厂区内各种生产和生活用建筑物和构筑物(包括今后规划中拟扩建的部分)、铁路专用线、码头、道路、工程管线和绿化设施等，按照一定的原则，进行全面、科学和合理的布置。总平面设计一般由工艺设计部门协同土建部门一起进行。

1. 总平面设计的内容

(1)*厂区平面布置*　涉及厂区划分、建筑物的平面布置及其间距的确定，厂内外运输方式的选择，厂内运输系统的布置以及人流和物流组织，厂区的绿化及美化方案的确定。

(2)*厂区竖向布置*　涉及各建筑物的标高、厂区道路的标高和坡度，室内地坪标高的确定，工程管网架空及地下敷设方案。

2. 总平面设计的要求 在总平面设计时，可将厂区分成几个区，如厂前区、生产区、生活区、辅助生产区等。每个区域的分布应是既有联系又须适当分隔，达到联系方便，互不干扰。对各种建筑物和构筑物的布置，应符合生产管理、建筑布局、生活管理、安全卫生及厂区道路和管线布置要求。

3. 平面布置的原则

① 应根据设计任务书和城市建设规划部门对已选定的厂址要求进行总平面布置。

② 应根据工艺流程、防火安全、施工等要求，结合厂区地形、地质、气象等自然条件，因地制宜布置厂区内建筑物、构筑物、露天堆场、公用管线、绿化及美化设施，为职工生产及生活创造良好的环境，以取得较好的技术经济效益。

③ 应能达到生产流畅、运输线路短、装卸方便，避免频繁的货流与主要的人流交叉。

④ 生产主车间和原、副料及成品库房，在符合防火、卫生的条件下，应尽量组合为联合厂房以节约用地。

⑤ 在城市开发区或城镇规划区内建厂时，总平面布置应符合城镇和开发区的要求，并与周围现有的及规划的建筑群体相协调。

⑥ 主车间和综合办公楼应有良好的自然通风和采光条件，避免因朝向问题使操作条件恶劣，炎热地区应避免西晒。

⑦ 总平面布置应紧凑合理，节约用地，并考虑必要的发展余地。总平面布置应合理分区。

⑧ 改建、扩建厂的总平面布置应尽量利用原有的建筑物及工程设施。建筑物和厂地标高的确定，应考虑生产流程和运输线路的连接要求，并结合地形情况使平整场地的土石方

工程量最小。在山区建厂时，应根据地形高差情况采用台阶式的竖向布置。

⑨ 总平面布置应进行多方案比较，以取得综合技术经济指标较好的最佳方案。总平面布置应遵循国家颁布的有关规范和部颁行业规范标准执行。

四、生产车间及库房建设

(一)主车间的开间、跨度和层高

1. 开间 是指厂房纵向相邻两梁(或两柱)中心线之间的距离。一般由各设备长度、间距总和、走道及楼梯间等来确定厂房长度。

饲料厂主车间一般开间为2.5～3米，楼梯间取3～5米，一般走道宽度为1米，主走道宽为1.5米，设备非操作面与墙距离或各设备间的距离取3.5～5米(表5-2)。

表5-2 车间走道宽度与设备间距

名　称	最小净距(毫米)
纵向一般走道	1000
纵向总走道	1500
横向总走道	1500
机器传动轮一边的间距	1500
其他单个设备之间的横向走道	800～1000
走道上方管道或设备离楼面的高度	2200

2. 车间跨度的确定 跨度指厂房横向墙与柱中心线之间的距离。一般由设备宽度和排数、走道宽度、各设备之间的

间隙之和、维修和拆卸设备部件等所需宽度之和确定。

目前，饲料厂单排机器排列宽度一般为 6～7 米，双排机器排列时跨度为 7～9 米。

3. 楼层高度确定 楼层高度是指下层楼面至上层楼面的高度。一般由该层楼最高设备的高度及安装距离、物料自输送管道的有效倾角、跨中机器排数、楼板和横梁的高度、机器装卸时与楼板必要的间隙等来确定。分层楼房建筑的车间楼层高度一般在 4～4.5 米。

中小型饲料厂的车间尽量不要使用楼房建筑结构，以降低固定资产投资。

（二）主车间工艺流程的确定

1. 原料接收 饲料厂中，一般将固体原料分为两大类，即主原料和副原料。主原料是指谷物类，副原料指谷物以外的其他原料。

对于小型的饲料厂，主要原料和副原料共用一条接收线；中型饲料厂可设置主料、副料各一条接收线；对于大型饲料厂可设置三条接收线，分别用于玉米、粉状料和饼粕料。

2. 原料清理 原料的清理一般要经过三道清理设备。第一道是带吸风的进料地坑栅筛，主要用来清理原料中麻袋绳等杂质；第二道为筛选设备，用以筛除大杂质；第三道为磁选设备，清除原料中的磁性杂质。清理工段中设备的产量，依所处工艺中位置而定，一般主、副原料清理设备的生产能力与所在进料线的产量相同，可取车间生产能力的 2～3 倍。

3. 粉碎 粉碎工艺主要分为一次粉碎工艺和二次粉碎工艺两类。一次粉碎工艺的优点是工艺设备简单、操作方便、投资少，但缺点是粉碎粒度的均匀性差、电耗高。二次粉碎工艺的优点是单产电耗低、粉碎粒度均匀。在实际工艺设计中，一般而言对于中小型饲料厂，宜采用1次粉碎工艺，二次粉碎工艺适用于大中型饲料厂。

4. 配料与混合 现代饲料加工企业的配料工艺，多采用多仓数秤的工艺形式，一般分为大、小两台秤。小秤的称量为大秤的1/4。配料仓的容量因工艺设计思想不同可能有差异，但一般不少于配科秤连续生产4小时所需的容量。配料仓的个数随生产规模的不同而有所变化。一般而言，对于小型厂配料仓的个数为6～8个；对于大中型饲料厂，配料仓的个数为8～16个。

中小型饲料厂的配料采用一台配料秤即可。甚至也可采取人工秤量的办法。

混合机的型式主要为卧式双轴桨叶式、卧式单轴螺旋带式、立式锥形行星式。作业方式主要为分批间歇式，其生产能力要等于或稍大于饲料厂的生产能力，并与配料秤相匹配。混合机下应设置缓冲斗，容积应能存放混合机一批生产的饲料量。混合成品的水平输送要选用刮板输送机，以防止物料分级和减少交叉污染。

5. 制粒 制粒工段的要点是：①待制粒仓的容量应保证制粒机连续工作1小时以上，可设置两个待制粒仓，以供调换制粒品种。②物料进制粒机之前应经过磁选。③制粒机的生产能力应根据产品需要量以及生产作业方式而定。一般综合性配合饲料厂制粒机的生产能力不得低于饲料厂粉状成品生产能力的50%，通常与粉料生产能力相一致。④冷却器有卧式和立式两大类，一般选用立式逆流式冷却器。冷却器的产量与颗粒的粒径成反比。在生产大直径颗粒时，必须保证冷却器有足够的产量，保证冷却时间。立式逆流颗粒冷却器的吸风量为 1 400～1 500 米^3/吨·时。⑤碎粒机通常安排在冷却器之下，设备内有通路，不需碎粒时供物料流过。当碎粒机长度较长时，考虑配匀料装置。⑥颗粒分级筛通常设在顶层，以便筛下的成品直接进入成品仓，筛下细粉返回制粒机。⑦制粒机的蒸汽系统设计的好坏对制粒机有重大影响，蒸汽管道上必须配有疏水器、汽水分离器、减压阀和压力表。汽水分离器应尽量靠近制粒机，以免冷凝水进机，保证进入调质器的蒸汽是饱和蒸汽。⑧当饲料厂生产鱼虾用硬颗粒饲料时，需要强化调质。可在制粒机之前增加专用调质器或调质罐，提高饲料中淀粉的糊化程度或熟化程度，并促使蛋白质变性、纤维素软化等。也可在制粒机之后，冷却器之前增加后熟化器设备，提高饲料的熟化度，提高颗粒的水中稳定性。

6. 成品包装　包装工艺为：待打包仓→秤→灌包机→缝包机→输送设备→成品库→发放。待打包仓的容量为 2 个产品生产 1 小时以上的存量，打包机的生产能力应大些。

(三)主车间设备的布置

主车间设备布置的原则和要求可归纳为以下 18 点。

① 设备布置按工艺流程顺序进行。应尽量利用建筑物的高度，使物料能自然输送，减少提升次数，节约投资。

② 对某些功能相同的设备，应尽量布置在同一楼层，以方便管理。

③ 清理工段中的磁选设备应置于初清筛之后或待粉碎仓之前，以便发挥设备的除杂效率。

④ 粉碎机、空压机应设置专门的隔音间，或者将粉碎机放置在地下室。

⑤ 料仓的排布应有利于仓下供料器的排列。

⑥ 喂料器的底部距配料秤盖板的距离不得大于500毫米，以减少空中料量，保证配料精度。

⑦ 配料秤的周围应无振动较大的设备。

⑧ 配料仓应有排气设施。

⑨ 混合机下缓冲斗的容积应足以存放混合机的一批物料，使后面输送设备流量均衡。混合机与成品仓的距离不应太远。

⑩ 配合粉料在制粒之前应经磁选。

⑪ 冷却器应布置在制粒机下面，以使从制粒机出来的湿热物料能及时得到冷却、硬化，提高成品率。

⑫ 颗粒分级筛应放置在顶层，使分出的物料能方便地进入各自的加工设备或仓中。

⑬ 设备的操作面应布置在靠近窗户的地方、要有良好的采光条件。

⑭ 加工设备应布置整齐，保证有足够的安全通道和操作空间。一般走道宽度为1000毫米，主走道的宽度为1500毫米，设备之间的横向走道为800毫米，设备的非操作面与墙的距离为350～500毫米。

⑮ 风网的布置要合理，应尽量减少风管的长度和弯头等，减少阻力，降低能耗、材耗。对噪声较高的风机应设隔噪消声等措施。除尘风网的组合应尽可能按同质合并的原则进行。

⑯ 除杂设备和除尘设备下脚料收集点的设置要兼顾方便和靠边、靠角，使它不破坏车间的整体布置。

⑰ 设备布置中要保证溜管、设备出料斗、仓斗有合适的角度，防止出现物料堵塞。

⑱ 成品仓的高度大于5米时，仓内应设防止分级的装

置。颗粒料成品仓的高度不应超过 5 米。

(四)原料库及成品库

为保证生产工艺的连续性、稳定性及原料搭配的需要，饲料加工厂都有仓库的配备。中小型饲料加工厂的库房大多采取房式仓中的平房结构，以节约建筑成本。

平房仓多采取砖混结构。

根据 SBJ03—89《粮食房式仓库设计标准》的规定，包装仓内麻袋包宜堆 8 层以上，25 层以下。平房仓墙体一般采用砖砌体，墙厚不超过 240 毫米。

房式仓仓容大小可根据饲料厂的规模、原料来源的便利性、产品的销售周期等来确定。一般情况下，原料仓可考虑 15～30 天生产的需要，成品仓的容量大约在 7～14 天的生产量。

附录 部分饲料机械设备生产企业名录

企业名称	地址	联系电话
德克利饲料机械有限公司	江苏省常州溧阳市新昌镇收费站前200米	519—7181818
北京燕京牧机工贸有限公司	北京市通州区八里桥南街16号(101100)	010—69590817 13501368711
江苏正昌集团有限公司	江苏溧阳经济开发区正昌路28号(213300)	519—7787898
江苏牧羊集团	江苏省扬州市解放北路83号(225003)	0514—7205888
现代农装科技股份有限公司－畜禽机械事业	北京市朝阳区德胜门外北沙滩1号35号信箱(100083)	010—64882488 18/34/37
郑州中良物流机电设备工程有限公司	郑州市高新技术开发区银杏路东1号(450001)	0371—67597990 13503836920
溧阳市盛昌饲料机械制造有限公司	江苏省溧阳市昆仑开发区金吾路142号(213000)	0519—8320128
阜新市华兴农牧机械有限公司	辽宁市阜新市新邱大街88号(123005)	13704985661
广东省农业机械研究所饲料设备开发中心	广州市天河区五山路261号(510630)	020—38481025 020—38481571
洛阳宇通饲料机械厂	河南省洛阳市白马寺镇政府西200米(471013)	0379—63789346

续附表

企业名称	地址	联系电话
江西红星机械厂	江西省东乡县红星经济开发区	0794—4382110
唐山市丰南区双义饲料机械厂	河北省唐山市丰南区大新庄镇(063304)	0315—8385626
河北亚达机械制造有限公司	河北省鹿泉市车站路4号(050200)	0311—2018981
深圳布勒工业有限公司	深圳市南山区南油第四工业区4栋一层	0755—6407907
上海正诚机电制造有限公司	上海松江茸北工业区茸兴路3—5号	021—57780132

主要参考文献

1 庞声海,郝波．饲料加工设备与技术．北京:科学技术文献出版社,2001

2 饶应昌,庞声海．饲料加工工艺与设备．北京:中国农业出版社,1996

3 姚军虎,等．动物营养与饲料．北京:中国农业出版社,2001

4 韩友文．饲料与饲养学．北京:中国农业出版社,1997

5 杨俊成,于庆龙,等．高效饲料加工技术问答．北京:中国农业科技出版社,2000

6 庞声海,饶应昌．饲料加工机械使用与维修．北京:中国农业出版社,2000

7 陈艳．畜禽及饲料机械与设备．北京:中国农业出版社,2000

8 郭金玲,刘庆华．新编饲料应用技术手册．河南:中原农民出版社,2004

9 李德发．现代饲料生产．北京:中国农业出版社,1997

10 张宏福,张子仪．动物营养参数与饲养标准．北京:中国农业出版社,1998

11 全国饲料工业标准化技术委员会．中国饲料工业协会. 饲料工业标准汇编．北京:中国标准出版社,1996

12 呙于明. 家禽营养与饲料．北京:中国农业大学出版社,1997

13 季之华．饲料标准—饲料安全的基石．中国饲料,

2002(6)

14 李建国. 饲料添加剂应用技术问答．北京:中国农业出版社,2002

15 秦玉昌,杨俊成,等．几种不同类型饲料的加工方法．饲料广角,2001(1)

16 欧阳文焕. 畜禽浓缩饲料应用技术．饲料博览,2001(12)

17 王春维. 水产饲料膨化加工性能的优越性及其制粒工艺之比较．饲料博览,2001(8)

18 殷波,丁贤. 制粒工艺对饲料品质的影响．饲料博览,2001(5)

19 于昱,袁缨,等. 畜禽色氨酸的营养研究及应用．饲料博览,2002(7)

20 宋春玲,王永杰．苏氨酸对畜禽的营养研究．饲料博览,2002(9)

21 谷文英,等. 配合饲料工艺学．北京:中国轻工业出版社,1999

22 科学技术部. 中国饲料工业 1996～2020 年发展战略．北京:中国科学技术出版社,1994

23 李德发,范石军主编．饲料工业手册．北京:中国农业大学出版社,2002

24 李德发,邢建军主编．HACCP 与饲料工业．中国农业大学出版社,2002

25 饲料工业职业培训系列教材编审委员会. 饲料制粒技术．北京:中国农业出版社,1998

26 饲料工业职业培训系列教材编审委员会. 饲料加工工艺．北京:中国农业出版社,1998

27 饲料工业职业培训系列教材编审委员会.饲料厂自动控制技术．北京:中国农业出版社,1998

28 饲料工业职业培训系列教材编审委员会．饲料原料清理上料．北京:中国农业出版社,1998